Thomas H. Huber

PLAN EDEN 2021

Das große Erwachen

„Die Frage, woher wir kommen und wohin wir nach unserem weltlichen Dasein gehen, bleibt ein unlösbares Rätsel, bis sich uns eines Tages der tiefere Sinn des Ganzen offenbart und wir verstehen, dass wir mehr sind, als die Hülle aus Fleisch und Knochen, die wir täglich im Spiegel sehen".

(Thomas H. Huber)

Dankbarkeit & Wertschätzung

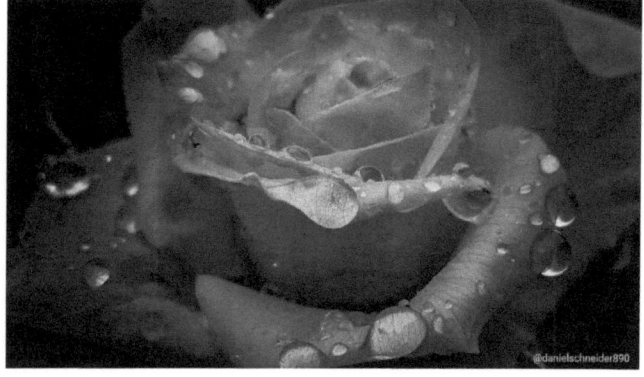

Grafiken: iStock by Getty Images und Daniel Schneider, Bielefeld

„Das Leben in einem menschlichen Avatar
ist wie ein Besuch im Disneyland.
Wir kommen so oft in den
Unterhaltungspark "Erde" zurück, bis uns
sämtliche Fahrattraktionen zu den
Ohren herauskommen.
Dann machen wir uns auf den Weg
zum nächsten Planeten und beginnen
nochmal von vorn".

(Thomas H. Huber)

EINHEIT

Viele esoterische Schriften und Religionen sprechen von einer allumfassenden Einheit, einer Verbindung mit Gott, der Quelle. Alles ist demnach Eins, was im Umkehrschluss bedeutet, dass nichts voneinander getrennt ist. Doch was heißt das tatsächlich? Was ist die Essenz aus all diesen Lehren und Anschauungen? Wer oder was ist die Quelle und wie können wir alle „Eins sein", wenn wir doch Individuen sind? Was kann man wirklich darunter verstehen? Tatsächlich finden wir die Antwort nur dann, wenn wir lernen zu unterscheiden, und letztlich auch zu akzeptieren, dass es eine materielle Welt und eine immaterielle Welt gibt. Manche unterscheiden Greifbares vom Nichtgreifbaren und bezeichnen das eine als Materie und das andere, das Unsichtbare, als Antimaterie oder einfach nur als leeren Raum. Ganz oberflächlich betrachtet könnte das sogar stimmen, aus schöpferischer Sicht jedoch, gibt es so etwas wie Materie nicht wirklich und das, was man landläufig als Antimaterie bezeichnet, ist eigentlich die Schöpfungskraft. Betrachten wir feste Körper, oder vielmehr das, was wir im konventionellen Sinn als Materie bezeichnen, unter einem Mikroskop, stellen wir sofort fest, dass sich die Form geradezu auflöst. Je tiefer wir in die Materie eindringen, desto mehr wird deutlich, dass der Raum zwischen den offenbar „festen" Teilchen immer größer wird. Es sieht ganz offenbar so aus, als würde alles aus Luft bestehen. Die Wissenschaft ist in den vergangenen hundert Jahren sehr tief in die Materie eingedrungen und letztlich im Nichts gelandet. Immer kleinere Teilchen wurden mittels Elektronenmikroskops gefunden, doch das Nebenprodukt der Entdeckung von Higgs und Quarks war ein gänzlich unerwarteter Raum, der sich dazwischen auftat. Je kleiner die gefundenen Teilchen wurden, desto größer wurde der Abstand zwischen ihnen. In den kommenden hundert Jahren werden sich die Geräte weiter verbessern und bieten dann noch tiefere Einblicke, so lange, bis letztlich nur noch eine schwarze Fläche sichtbar sein wird. Das ist dann der wahre Blick in den Geist Gottes. Materie ist formgewordener Geist. Anstelle von Geist könnte man dies auch „Nichtmaterie" nennen. Ohne die Nichtmaterie gäbe es keine Materie. Materie ist reine Illusion, sonst nichts! Nichtmaterie erschafft Materie oder zumindest das, was wir unter diesem Begriff verstehen. Umgekehrt würde das nicht funktionieren. Materie ist von sich aus nicht in der Lage, zu erschaffen. Nur Geist kann erschaffen. Erst wenn der Mensch erkannt hat, dass NICHTS alles ist, aber auch umgekehrt, dass ALLES nichts ist, kann er die wahre Schöpfung erkennen. Doch all diese Erfahrungen geben noch keine Antwort auf die Frage „was bedeutet Eins-Sein mit allem, das existiert?" Die Antwort ist einfach und tiefgreifend zugleich:

„Es gibt keine Trennung, und es hat sie nie gegeben, ob tot oder lebendig!"

Wenn ein Körper stirbt heißt das nicht, dass alles aufhört zu existieren, was diesen Menschen im Gesamten ausmachte. Seine Hülle vergeht, aber sein

Geist wird befreit und transzendiert zu dem, was er schon immer war: Unendliches, reines Schöpfungsbewusstsein.

„Im Geiste vereint, durch den Körper getrennt!"

Es gibt nur ein einziges Schöpfungsbewusstsein, die Quelle allen Seins. Ihm entspringt alles, was wir aus der materiellen Welt kennen. Somit sind wir nie von ihm getrennt gewesen. Wir sind ein Teil von ihm. Wenn wir uns das Schöpfungsbewusstsein oder den Schöpfer vorstellen, denken wir meist in Metaphern. Gott, Jesus, Mohamed, Maria sind dann die Platzhalter für die Göttlichkeit. Wir geben allem Göttlichen einen Namen, sonst könnten wir nicht damit umgehen. Nur durch eine Abstraktion schaffen wir es, das existierende Schöpfungsbewusstsein anzuerkennen. Das Wort Abstraktion entstammt dem lateinischen „abstractus" und bedeutet „abgezogen" und das Partizip Perfekt Passiv „abziehen", „entfernen", „trennen". Also trennen wir das Göttliche vom Menschlichen, weil wir in Wirklichkeit nicht glauben können, dass wir göttlich sind. Wie auch, selbst in der Heiligen Schrift steht, dass wir sündig sind, von Anbeginn unserer Existenz. In fast allen Religionen ist der bloße Gedanke, dass Gott in uns existieren könnte, geradezu blasphemisch. Die Wissenschaft und der Glaube sind der konventionellen Auffassung nach, natürlich auch voneinander getrennt. Die Religionen halten die Errungenschaften der Wissenschaft für das Werk Satans, die Wissenschaft hält Religionen für abergläubischen Humbug. Die

Religionen sind in diesem Fall die Platzhalter für die „Nicht-Materie", sprich der Raum oder das Ungreifbare, und die Wissenschaften stehen dabei für das Greifbare, die Materie oder auch Realität. Treibt man diesen Vergleich auf die Spitze, könnte man ihn auch für die Wurzel des Bösen halten, denn durch den niemals enden wollenden Konflikt dieser beiden Einrichtungen, musste die Menschheit schon häufig Federn lassen. Aufgrund der jahrhundertelangen Trennung ist uns unsere wahre Göttlichkeit abhandengekommen, doch langsam finden wir den Weg zurück. Als Bindeglied dieser beiden Instanzen fungiert seit einigen Jahrzehnten die Quantenphysik. Auch sie wurde von den „ernsthaften" Forschern zunächst immer belächelt, doch aufgrund der nahezu erdrückenden Beweise, können Wissenschaftler aus allen Bereichen nicht mehr bestreiten, dass wir mehr sind, als die Summe unserer Teilchen.

EINHEIT UND TRENNUNG

Um zu verstehen, was Einheit und Trennung im tiefsten Sinne bedeuten, müssen wir zunächst einmal erkennen, dass unser Körper im ursprünglichen Sinn zum „festen" Bestandteil zählt und ein Gedanke zum „leeren" Raum. Das Greifbare ist der Körper mit seinen Genen, Organen, Muskeln, Sehnen und Knochen. Das Nichtgreifbare ist unser Verstand, unser Geist und unsere Seele. Wir bestehen demnach aus Materie und gleichzeitig aus

Nichtmaterie. Allerdings nehmen wir nicht bewusst wahr, dass wir mehrere Bestandteile in uns tragen. Für uns sind wir eine Einheit, weshalb wir uns selbst auch als Individuum oder als „ICH" bezeichnen. Damit bringen wir zum Ausdruck, dass wir aus nur einem einzigen Teil bestehen. In Wirklichkeit sind das jedoch zwei, voneinander unabhängige Instanzen, das „Fleisch" und der „Geist". Alles andere, das um uns herum existiert, wie beispielsweise unsere Partner, Kinder und die ganze Welt, werden als eigenständige Wesen betrachtet, vollkommen separiert von uns. Das ist im eigentlichen Sinn das, was wir als Trennung empfinden. Wenn Philosophen von Einheit sprechen meinen sie meist die Einheit mit Gott. Aber die Einheit umfasst letztlich alles Existierende, dazu gehören der Mensch, die Tiere, die Pflanzen, Mineralien und natürlich das Schöpfungsbewusstsein selbst, aus dem heraus alles entstanden ist. Ein Gedanke ist der göttliche Funken in uns, aus dem sich alles entwickelt und Gott ist der Urheber des ersten Gedankens, des Ur-Gedankens und damit die Summe allen Seins. Er ist der Schöpfer sämtlicher Form beziehungsweise Materie. Materie ist das Resultat von Gedanken und Gedanken sind der Raum zwischen den Teilchen. Auch wenn Materie im Raum scheinbar allein existiert, weil nur sie sichtbar ist, ist sie dennoch nur ein Teil dieses Raums. Betrachtet man einen Stern am Nachthimmel und lässt den Blick dann zum nächsten schweifen, kommt die Größe des Raums zur Geltung. Die Abstände zwischen den einzelnen Sternen sind so gewaltig, dass sie vom menschlichen

Geist kaum zu erfassen sind. Erweitert man sein Sichtfeld auf die gesamte funkelnde Bracht, hat man den Eindruck, dass die Sterne lediglich im All schweben, das All selbst aber nicht sind. Der dunkle, unsichtbare Raum ist Nichtmaterie, Energie, Schöpfungskraft. Die Sterne sind manifestierte Gedanken, von Gott gedachte Gedanken. Nähme man die Materie aller existierenden Galaxien und formte damit einen einzigen Klumpen, käme man der wahren Einheit schon etwas näher. Stellte man sich dann noch vor, dass alle Menschen so komprimiert würden, dass letztlich nur noch ein einziger Mensch daraus entstünde, fände man sich wieder unwillkürlich der folgenden Frage gegenüber: „Ist nun alles eins oder sind wir voneinander getrennt?" Wenn wir alle zu einem Menschen verschmelzen würden, gäbe es dann noch so etwas wie Individualität? Was passiert dann mit dem Raum, der sich zuvor zwischen uns befunden hat? Mit dieser Betrachtungsweise macht alles einen Sinn, vor allem die Urknall-Theorie und dem sich ausdehnenden Universums. Ein einziger Gedanke löste die Schöpfung aus, die sich danach ausdehnte und irgendwann wieder zu ihrem Ursprung zurückkehren wird.

DIE SCHÖPFUNG

Eines Tages fasste das Schöpfungsbewusstsein die Absicht, Erfahrungen in einem menschlichen Körper zu machen. Um das Spektrum der Sinneseindrücke möglichst groß und breitgefächert zu halten entschloss es sich, zwei Avatare unterschiedlichen Geschlechts zu erschaffen, einen Mann und eine Frau. Doch zuvor erschuf es für diese Lebewesen einen gewaltigen Lebensraum - das Universum und damit alle darin enthaltenen Galaxien und Sonnensysteme. Es achtete auf jedes, auch noch so kleine Detail. Als sich die Avatare eigenständig fortpflanzten und somit neue „Menschen" erschufen, hatte das Schöpfungsbewusstsein die Möglichkeit, sich aufzuteilen. Es konnte auf diese Weise viel schneller, viel mehr Erfahrungen sammeln. Auch wenn ihm heute allein auf der Erde mehr als sieben Milliarden menschlicher Avatare zur Verfügung stehen, ist es als Ganzes jedoch immer noch in sich vereint, es hat seine Möglichkeiten lediglich ausgedehnt. Es hat seine Seele schlichtweg fragmentiert, genau wie ein Computer das mit seiner Festplatte macht. Ein paar Dateien in der einen Sektion abgelegt, weitere Dateien in einer anderen. Doch letztlich bleiben alle Informationen auf einem Laufwerk gespeichert. Sterben Avatare, gehen ihre Seelenanteile zurück ins Schöpfungsbewusstsein. Einige bleiben dort, andere kehren in einen neuen Avatar zurück. Im Grunde genommen ist das doch eine recht einfache Angelegenheit, oder etwa nicht? Warum fällt es den Menschen dann so schwer, es zu akzeptieren? Weil ihr Ego das nicht zulässt! Wozu es das Ego gibt und wie es funktioniert, wird an späterer Stelle im Buch erläutert. Jetzt ist es erst einmal wichtig zu erfahren, dass das Ego keine Einheit kennt und vor allem, keine Einheit zulässt. Jedes Ego ist eine Einzelanfertigung. Es wird vom

Schöpferbewusstsein individuell programmiert, ganz nach den Vorstellungen, was das Schöpferbewusstsein/Seelenfragment in der jeweiligen Inkarnation erfahren will. Jeder Mensch verfügt demnach über ein eigenständiges, individuelles Ego. Das Ego ist für die Funktion und den Erhalt seines Avatars zuständig, weshalb es auch nur diesen einen Teil der Schöpfung kennt und gleichermaßen anerkennt. Das Ego kennt nur Trennung und keine Einheit oder Verschmelzung mit Gott. Es empfindet Gedanken bedrohlich, die seine Alleinherrschaft gefährden könnten. Da du, und wenn ich „Du" sage, wende ich mich an dein wahres Selbst, unsterbliches Bewusstsein bist, welches nun als Seelenfragment in diesem Avatar lebt, erfordert es am Anfang höchste Aufmerksamkeit, um Ego - initiiertes Verhalten von deinem Seelenauftrag zu unterscheiden. Ego-gesteuertes Verhalten hat immer eine gewinnfordernde Absicht, ganz gleich ob es sich dabei um materielle oder immaterielle Erträge handelt. Es will im Mittelpunkt stehen. Das Ego tut nichts, ohne einen Vorteil aus der jeweiligen Aktion oder Reaktion zu ziehen. Deine geistige Befreiung wäre sein Todesurteil. Deshalb wird es immer darum kämpfen seinen Wirt, den menschlichen Avatar, vor bewusstseinserweiternden Erkenntnissen fernzuhalten. Damit du das nicht merkst, erfindet es künstliche Freiheit, Leichtigkeit und Spiritualität. Da Egos, trotz ihrer Exklusivität für einen einzigen Avatar, mit anderen Egos in Verbindung stehen, erschaffen sie hierfür gemeinsame Konstrukte, die dann als allgemein gültiges Paradigma von den

Menschen akzeptiert werden. Das sind zum Beispiel Religionen. Um ihnen noch mehr Freiheit vorzugaukeln, kreieren sie unterschiedliche Glaubensrichtungen, wie den christlichen Glauben, den Islam, den Buddhismus, und so weiter. Und dadurch glaubt der Mensch, tatsächlich frei zu sein, da er ja offenbar wählen kann, woran er glauben will. Das daraus Glaubenskriege entstehen, ist für die Egos ein freudiger Nebeneffekt. Denn dann ist die Trennung zur göttlichen Einheit perfekt. Doch all diese künstlich erschaffenen Szenarien halten die Menschen letztlich davon fern, die Einheit zu sehen und anzuerkennen. Wenn er sich als das sehen und annehmen könnte, was er wirklich ist, könnten alle in Frieden leben, vollkommen frei von Angst, Hass und Elend. Das Individual-Ego wird hauptsächlich vom Kollektiv-Ego geprägt. Gehört eine Person einer Gruppe an, ganz gleich ob es sich dabei um einen Sportverein, eine Religionsgemeinschaft oder eine Sekte handelt, übernimmt sie deren Regeln und Dogmen. Oftmals gibt sie dann noch ihre persönlichen Werte und Freiheiten auf, nur um das Gefühl zu haben, dazu zu gehören.

„Das heißt, das Zugehörigkeitsgefühl ist die leise Stimme der Seele, die Sehnsucht nach der allumfassenden Einheit".

Dieses Gefühl ist die einzige Freiheit, die das Ego zulassen kann, ohne sich selbst bedroht zu fühlen. Und natürlich ist das weit entfernt von der göttlichen Art, frei zu sein.

Es ist von großer Wichtigkeit, dass ihr Menschen versteht, wer ihr wirklich seid. Ihr habt eine Phase erreicht, die wir als universelle Absurdität bezeichnen. Ihr verliert euch in sinnlosen Taten und fristet euer Dasein weit entfernt von unserem ursprünglichen Plan. Es wird höchste Zeit, dass ihr auf den vorgesehenen Kurs zurückkehrt, damit sich unsere gemeinsame Absicht erfüllen kann. Um meine Botschaft zu verstehen müsst ihr keine wissenschaftlichen Genies sein, denn es geht dabei nicht um Wissen als solches, sondern eher um ein Anerkennen von Fakten. Die Botschaft hilft euch in erster Linie dabei herausfinden, wer ihr seid und vor allem, wozu ihr hier seid. Damit euch das leichter fällt erkläre ich zuerst, wer wir sind, um euch dann zu der Erkenntnis zu führen, dass ihr ein Teil von uns seid. Beim Lesen stellt ihr fest, dass ich sehr oft die Personalpronomen verändere. Es fällt mir schwer, mich auf eine einheitliche Ansprache festzulegen, weil im Ursprung alles EINS ist. Ich bin DU, du bist ich, wir und ihr sind dasselbe. Wenn ich UNS und WIR sage, kommt das der Wahrheit am nächsten, denn damit wende ich mich an das universelle Bewusstsein, in dem wir alle vereint sind. Also bitte ich um Verzeihung, falls ich euch damit hin und wieder verwirren sollte. Wir sind pure Energie, reines Bewusstsein. Wir sind das, was die Menschen als „Gott" bezeichnen. Doch das ist nur die halbe Wahrheit, denn Gott ist nichts anderes als ein Produkt menschlicher Phantasie. Wir haben den Menschen erschaffen und somit auch Gott. Wir sind das Leben! Alles, was wir erschaffen, ist ein Teil von uns selbst. In unserer energetischen Welt herrscht vollkommene Dunkelheit, wobei die Betonung auf dem Wort „vollkommen" liegt. Diese Dunkelheit bietet uns eine ideale Projektionsfläche für unsere Pläne. Ihr könnt das mit euren Filmstudios vergleichen. Dort agieren Schauspieler vor einer grünen Wand und die Hintergründe werden nachträglich eingefügt, sodass daraus dann nach und nach eine realistische Szene entsteht. So ähnlich machen wir das auch. Unsere Instrumente sind unsere zwölf Sinne. Einige davon sind durchaus mit euren fünf Sinnen, also sehen, hören, riechen, schmecken und fühlen vergleichbar. Wenn ich dich darum bitte, deine Augen zu schließen und dir einen Apfelbaum vorzustellen, kannst du den Baum sehen, nicht wahr? Wenn du gut im Visualisieren bist, wird der Baum sehr detailliert sichtbar. du erkennst das Grün und die Form seiner Blätter, du siehst seine Früchte und kannst dir sogar vorstellen, wie diese schmecken. Auf diese Weise ist es dir möglich, jeden x-beliebigen Gegenstand vor deinem geistigen Auge entstehen zu lassen. Unsere Sinne sind allerdings viel stärker ausgeprägt als eure, so stark, dass wir sehr tief in unsere geistigen Bilder eindringen können. Das ist ungefähr so, wie ein Blick durch ein Elektronenmikroskop. Wir sehen in die tiefsten Strukturen des imaginären Gegenstandes und erkennen die winzigsten Bestandteile, aus denen er zusammengesetzt ist. Wenn wir dann mit unserer geistigen Schöpfung zufrieden sind, treffen wir die Entscheidung, sie zu manifestieren. Die meisten von Euch sind nur dazu in der Lage, sich bereits bekannte Dinge vorzustellen. Andere, die Visionäre unter Euch, wie zum Beispiel Künstler, Designer und Architekten, haben die Gabe auch Dinge zu erschaffen, die in ihrer Form und Funktion bislang unbekannt waren. Sie sind diejenigen, die Paradigmen auf eine evolutionäre, friedliche Art sprengen können. Sie erschaffen Szenarien, die zuvor von allen anderen für unmöglich gehalten wurden.

DAS UNIVERSUM

Das Universum war unsere erste Schöpfung. Es ist aus eurer Sicht riesig, nahezu unendlich. Für eure Wissenschaftler stellt es nach wie vor ein Rätsel dar. Ihr nennt es auch das All, wobei dieses Wort im Grunde genommen für „Alles" steht. Es gibt nach eurem Empfinden nichts, das größer ist. Das Weltall ist deshalb auch etwas, das eure Vorstellungskraft um ein Vielfaches überschreitet. Aber allein die Aussage, dass es unsere erste Schöpfung ist impliziert, dass das Universum noch lange nicht das Einzige oder gar alles sein kann. In eurer Welt ist Gott, Allah oder wie auch immer ihr den Schöpfer nennt derjenige, der alles entstehen ließ und seinen Ursprung irgendwo dort draußen in den Tiefen des Kosmos hat. Doch in Wahrheit sind wir, also du und ich, die Erschaffer von allem und befinden uns außerhalb des Universums. Ein Maler lebt ja auch nicht in seinem Gemälde. Er steht, mit einem gewissen Abstand, vor der Leinwand und gestaltet seine Schöpfung mit Pinsel und Farbe. Auf unserem Gemälde existieren die Menschen, Tiere, Pflanzen,

Steine, Planeten, Sterne, Galaxien und jedes noch so kleine Teilchen. Sie alle sind das Ergebnis unserer Vorstellungskraft. Wir haben das Gesamtbild entworfen und letztlich wie ein Maler auf die Leinwand gebracht. Das Ganze ist jedoch so gigantisch groß, dass nicht einmal eure besten Wissenschaftler verstehen, wie es funktioniert, obwohl ein paar von Ihnen dem Mysterium dicht auf den Fersen sind. Wenn euch also schon ein einziges Universum ein schier unlösbares Rätsel aufgibt, was könnten dann Millionen oder gar mehrere Milliarden Universen tun? Auch wenn es für dich an dieser Stelle vielleicht noch etwas verwirrend ist, zeige ich dir nun das gesamte Bild der Schöpfung, damit du ein tieferes Verständnis für das entwickeln kannst, was sich momentan als eure Welt darstellt. Um es mit dem gebräuchlichen Wortschatz auszudrücken: Es gibt unendlich viele Universen, auch wenn dies mit der Realität nicht wirklich übereinstimmt, denn tatsächlich ist deren Anzahl sehr wohl begrenzt. Für die Wissenschaftlicher unter euch, drücke ich das mal präzise aus: Es gibt derzeit 12ʼ12 Universen. Das heißt 8.916.100.448.256 (8.9161004e+12). In Worten: Acht Billionen Neunhundertsechzehn Milliarden Einhundert Millionen Vierhundertachtundvierzigtausend Zweihundertsechsundfünfzig Paralleluniversen. Diese Universen existieren gleichzeitig, sind miteinander vernetzt, aber dennoch voneinander unabhängig. In ihrer Gesamtheit laufen alle Stränge wieder in unserer Bewusstseinsansammlung zusammen. Für euer Verständnis ist die Zeit dabei ein wichtiger Faktor. Sie ist für euch deshalb wichtig, weil sie das Leben für euch berechenbar macht. Morgens geht von eurem Standpunkt aus gesehen die Sonne auf und abends wieder unter. Ein Tag ist zu Ende, die Nacht beginnt. 365 Wiederholungen dieses Vorgangs ergeben ein Jahr. Ihr werdet geboren und sterbt am Ende wieder. Diesen Zyklus nennt ihr Leben. Jedoch existiert so etwas wie Zeit im Konstrukt der Universen nicht. Zumindest nicht in der Form, wie ihr sie kennt. Von unserem Standpunkt aus betrachtet, findet alles gleichzeitig statt. Alles dreht sich, ist in ständigem Fluss.

„Was für euch Jahrmillionen sind, ist für uns die Frühschicht".

Meine handschriftliche Skizze auf der nächsten Seite zeigt dir in groben Zügen wie das Zusammenspiel der Universen und der Schöpfung funktioniert.

12 [12]

**Zeit und Raum
Modell**

unendlich viele
Welten, Zeiten, Möglichkeiten

Alles geschieht jetzt!
Zeit kommt und geht.

8.916.100.448.256
parallele Universen

Den großen Ring in der Mitte nennen wir die Black-Tube. Diese Röhre ist die Geburtsstube von allem, was ihr aus der materiellen Welt kennt. Hier formt reines Bewusstsein Gedanken und erschafft dadurch ganze Welten. Die beiden oberen Ringe, die aus dem zwölften Ring hervorgehen, sind die eigentlichen Schöpfungsinstanzen. Hier werden alle Kreationen nochmal unter sämtlichen Aspekten, wie Funktionalität und Absicht betrachtet, um dann letztlich in die Realität einzufließen. Die zwölf Ringe, die um die Black-Tube kreisen, stellen die Basis aller Universen dar. Wir nennen sie deshalb nur Basis, weil in jedem Ring 743.008.370.688 Milliarden einzelne Universen existieren, alle so groß, wie das eure. Um es noch genauer zu sagen, ist euer Universum im 8. Ring. Diese Energieringe sind in ständiger Bewegung. Sie drehen sich um die Tube, und die Tube selbst, durchkreist die zwölf Ringe, vergleichbar mit einem Teilchenbeschleuniger.

„Ihr müsst aufhören, an Zufälle zu glauben. Denn mit diesem abergläubischen Denken schneidet ihr euch ab von eurer wahren Herkunft!"

Das Universum ist kein sagenhaftes Mysterium, sondern ein rein mathematisches und physikalisches Konstrukt, das ausschließlich aus logischen Details besteht und von einem hochbegabten Bewusstseinsverbund erschaffen wurde. Es ist präziser als das beste Schweizer Uhrwerk, exakt geplant und vollkommen frei von esoterischer Verklärtheit. Es existiert nur deshalb, weil wir es wollten!

Und es sieht vollkommen anders aus, als man es euch eingetrichtert hat. Eines Tages werdet Ihr die

Wahrheit erfahren und Ihr werdet überrascht sein, wie leichtgläubig und naiv Ihr gewesen seid.

Erweitert eure geistigen Grenzen!

HINTER DEN KULISSEN

Das Schöpfungsbewusstsein versammelte sich eines Tages in unserer sogenannten Black-Tube, um den Plan eures Universums detailliert zu gestalten. Damit du dir die gesamte Tragweite dieses Vorgangs besser vorstellen kannst, denke wieder an die grünen Wände bei einer Filmproduktion. Das Bewusstsein gibt in diesem Fall das Drehbuch vor und sucht die richtigen Schauspieler aus, die dem Ganzen eine besondere Note verleihen sollen. Der Regisseur und das Special-Effects-Team erledigen dann den Rest. Die Black-Tube könnt ihr euch als kreisrunde Röhre vorstellen, deren Wände allerdings nicht grün, sondern wie der Name schon sagt, schwarz sind und aus Neutrinos bestehen. Um nun Bilder in ihr entstehen zu lassen benötigen wir keine Computer, so wie eure Filmemacher, sondern allein unsere Gedanken reichen hierzu aus. Wir kommunizieren mit den Neutrinos in Form von elektromagnetischen Impulsen, was euren Verstand an Telepathie erinnern würde. Sobald wir uns für etwas entschieden haben, sei es eine Pflanze oder ein Lebewesen, geben wir unsere Schöpfung zur Manifestation frei. Die Neutrinos in den Wänden der Tube organisieren dann sämtliche Grundstoffe, die dafür nötig sind und setzen unsere Pläne anhand von Neurotransmittern, wie sie auch im menschlichen Gehirn vorhanden sind, in die Realität um. Stell dir auch hier wieder folgendes vor: Im Grunde genommen kommt der Vergleich mit einem 3D-Drucker der Wahrheit ziemlich nah. du erstellst am Computer den gewünschten Bauplan und der Drucker lässt das Produkt Schicht für Schicht entstehen, egal, ob du direkt daneben sitzt, oder dich an irgendeinem anderen Ort aufhältst. Da es genau so viel Bewusstsein gibt wie Universen, ist die Vielfalt der Schöpfungen ebenso groß. du musst dich nur auf der Erde umsehen, wie viele Arten es von allem gibt, allein schon bei euch Menschen. Kein Lebewesen gleicht einem anderen zu 100%. Was ihr als Ethnizitäten bezeichnet, wie zum Beispiel die Asiaten oder Afrikaner, sind in Wirklichkeit nichts anderes als das Resultat, der Wunschvorstellung eines gewissen Anteils des Schöpfungsbewusstseins. Die unterschiedlichen Ethnizitäten sind kein Produkt der Evolution, sondern wurden absichtlich so erschaffen. Jedes Universum hat ein eigenes Bewusstsein, das seine dominanten Arten nach seiner Vorstellung manifestiert. Um die Interaktion zwischen den einzelnen Arten zu verbessern, tauscht man die Wesen untereinander aus. Deshalb gibt es Menschen, Tiere und Pflanzen in allen Universen, nicht nur in eurem. Eine derartige Diversifikation ist kaum vorstellbar und bringt das menschliche Gehirn, auch wenn dieses sehr leistungsfähig ist, schnell an seine Grenzen. Wir sehen, dass es für euch wichtig ist, eure Herkunft und den wahren Sinn eures Seins zu erfahren, weshalb wir euch heute ein paar Gedankenanstöße geben, die euch näher an die Auflösung dieses großen Rätsels bringen. Wir betonen aber ausdrücklich, dass es für euch wichtiger ist zu erfahren, wozu wir das Universum erschaffen haben und nicht, wie alles im Detail funktioniert. Wenn ihr unsere Absicht dann wirklich versteht, werdet ihr keine Kriege mehr führen, sondern eure Existenz feiern und nicht alle Lebewesen wertschätzen, sondern auch sämtliche Pflanzen und Mineralien. Die Antwort, wozu wir alles erschaffen haben ist auf den ersten Blick sehr einfach und einleuchtend. Wir taten dies, weil wir im Zustand reinen Bewusstseins nicht erfahren können, was Leben im wirklichen Sinn bedeutet. Auch wenn wir Meister der Imagination sind gibt es für uns nichts Besseres, als echte körperliche Erfahrungen. Hierfür haben wir den menschlichen Körper entwickelt. Der Körper ist ein Avatar für unser Bewusstsein, welches ihr auch Seele nennt. In euren religiösen Schriften steht, dass wir euch nach unserem Abbild geschaffen haben. Das entspricht nicht der Wahrheit. Wir haben keine Form im herkömmlichen Sinne, sondern wir sind die Erschaffer aller Formen. Diese Formen sind Produkte unserer Vorstellungskraft. Demnach seid ihr das Ergebnis unserer Phantasie. Wir sind Eure Seele. du bist in deiner Essenz Seele und damit ein Teil von uns. Um tatsächlich in die menschliche Existenz eintauchen zu können, wird unsere Erinnerung an unser Schöpferdasein während der jeweiligen Inkarnation gelöscht. Ihr lebt deshalb meist vollkommen unbewusst. Ihr nehmt eure körperliche Existenz für bare Münze. Dadurch verliert ihr euch total im Spiel des Lebens, nehmt euch als Individuum wahr und habt keinen Schimmer woher ihr kommt, geschweige denn, wer oder was ihr eigentlich seid. Und wenn ihr glaubt, dass ausschließlich Menschen Erfahrungen machen können, habt ihr Euch getäuscht. Selbst Steine haben Bewusstsein und bringen uns notwendige Erfahrungen, die wir zum Erhalt der Universen benötigen. Da es etwas wie Zeit, zumindest in Form der konventionellen Betrachtungsweise, für uns nicht gibt, beabsichtigen wir mit vollem Bewusstsein auch Inkarnationen in Steinen. Das ist dann eben keine „Fleischwerdung", sondern wir nennen das In-Mineralisation. Steine sind sehr erdverbunden und dauerhaft. Sie sagen uns, wenn mit dem Planeten etwas nicht stimmt, sodass wir Veränderungen einleiten können.

Das Bewusstsein von einem Stein kannst du dir in etwa so vorstellen: du schwingst als Stein oder Fels in der Frequenz der Erde. du liegst fest auf ihr und fühlst dich sicher und geborgen. Deine Oberfläche und dein Kern sind so hart, dass du dich nicht sorgen musst, ernsthaft verletzt zu werden. du erhältst als Stein oft Besuch von Tieren und auch Menschen. Sie setzen sich auf dich und fühlen deine Stärke. du gibst ihnen mit deiner Existenz ein Zeichnen natürlicher Kraft und Energie. Du spürst allerdings auch die Einschläge von Bomben und die Auswirkungen von Umweltverschmutzung. Aufgrund deiner Dauerhaftigkeit und unglaublichen Dichte läuft das Leben um dich herum wie im Zeitraffer ab. Jahrtausende sind für dich Minuten. Deshalb bist du als Stein für uns so wertvoll. Die

Jahrtausende des Steins sind für uns nur Sekunden, weshalb wir seine Informationen quasi unmittelbar in die Gesamtschöpfung einfließen lassen können. Wenn du in den Nachthimmel schaust, erscheint das Meiste schwarze Leere zu sein. Diese Leere bezeichnet ihr als Raum oder auch luftleeren Raum. Doch in Wirklichkeit ist dieser Raum ein energetisches Netz, das alles zusammenhält. Nur weil es unsichtbar ist, heißt das noch lange nicht, dass da nichts ist. Wirfst du eine Billardkugel auf ein Trampolin, springt die Kugel wieder nach oben, so lange, bis sie ihre eigentliche Position eingenommen hat und vermeintlich an der tiefsten Stelle des Gewebes ruht. Nur ist das Gewebe des Universums unsichtbar. Oder nimm als Beispiel ein Spinnennetz. Es hängt fast unbemerkt zwischen den Ästen eines Baumes, bis sich irgendwann darin eine Fliege verfängt. Dann nimmst du es deutlich wahr. Es bewegt sich und leitet Impulse an die Spinne weiter. Das Netz als solches findet seinen Ursprung in einer Drüse der Spinne. Die Spinne ist in diesem Fall der Schöpfer des Netzes. Beim Universum sind wir die Spinne und die Black-Tube ist die Spinndrüse, mit dem Unterschied, dass die Spinne ein leeres Netz spinnt und dieses nach der Fertigstellung nicht mehr zurückholen kann. Wir hingegen haben unser Netz bereits mit Leben gefüllt bevor wir es auswerfen und können jederzeit alles wieder in den Ausgangszustand zurückholen. Das Material, oder nennen wir es mal die Urmasse, mit der wir das Universum erschaffen haben, ist überall dieselbe. Ihr habt die euch bekannten chemischen Grundelemente im Periodensystem zusammengefasst. Diese Grundelemente findet ihr auch auf allen anderen Planeten im Universum, auf dem einen mehr, auf dem anderen weniger davon. Wir haben das deshalb so gemacht, weil wir dadurch die Möglichkeit haben zu entscheiden, wo und welche Lebensform wir auf dem jeweiligen Planeten erschaffen wollen. Das Grundmaterial ist also schon dort, wo es sich letztlich eigenständig entwickeln kann. Einige eurer Wissenschaftler haben das in dieser Form auch schon herausgefunden, weshalb ein paar davon behaupten, dass Kometen Erbgut tragen und durch einen Einschlag auf einem Planeten dieses freisetzen könnten, wie Spermien, die eine Eizelle befruchten. Damit sind sie der Wahrheit ziemlich nah gekommen. Andere sagen, dass das Universum vor etwa 14 Milliarden Jahren mit dem sogenannten Urknall entstanden sein soll und sich seitdem ausdehnt. Sie haben nachgewiesen, dass in eurem Universum wohl mehr als 100 Milliarden Galaxien existieren und das Universum vermutlich einen Durchmesser von circa 45 Milliarden Lichtjahren hat. Wenn man bedenkt, dass 1 Lichtjahr 9,5 Billionen km beträgt, ist das Ganze wirklich unfassbar groß. Bemerkenswert ist auch, dass man im Allgemeinen nur dann von einem Durchmesser spricht, wenn es um die Definition eines Kreises oder einer Kugel geht. Wenn man unser zuvor gezeigtes Modell mit seiner Black-Tube betrachtet, kommt das der Wahrheit ziemlich nah. Leider hat noch keiner nachweisen können, was zuvor geschah, das heißt, wer oder was diesen „Urknall" ausgelöst haben könnte. Das verhält sich dabei in etwa so wie mit der Frage: Was war zuerst da, das Huhn oder das Ei? Da man Bewusstsein, also etwas Unsichtbares, nicht mit Worten beschreiben kann, versuche ich den Erschaffens-Prozess des Universums jetzt mal mit euch bekannten Dingen und Worten zu erklären, obwohl es überhaupt nicht wichtig ist, dass ihr das alles im Detail versteht, doch ich finde, ihr solltet es wenigstens ansatzweise nachvollziehen können. Hierfür ist die Braun'sche Röhre vielleicht ein adäquates Beispiel, wenn auch sehr rudimentär, doch als Einstieg ganz in Ordnung, da sie ja zumindest mit unserer Black-Tube, also schwarze Röhre, vom Wortstamm her verwandt zu sein scheint. Wenn wir also in der Black-Tube entscheiden, welche unserer Absichten wir ins Leben rufen wollen, sammeln sich sämtliche logischen Informationen, das bedeutet, die Blaupausen für jegliches Leben und die dafür notwendigen Grundelemente, in einer Art Verdichtungskammer. Da aber alle atomaren und subatomaren Teilchen von einem Magnetfeld umgeben sind, findet trotz allem keine Berührung untereinander statt, also auch keine Verschmelzung, wie ihr das von euren Erfahrungen mit der Atomkraft kennt. Sobald diese Teilchen dann in den freien Raum, bei der Braun'schen Röhre Glaskörper genannt, ausströmen, driften sie wieder auseinander, kühlen nach und nach ab, bevor sie dann letztlich ein Gesamtbild ergeben. Dieses Ausströmen ist vergleichbar mit einem kräftigen Pusten, so wir ihr das mit den Samen des Löwenzahns macht. Natürlich entsteht bei diesem Vorgang auch ein Geräusch, das allerdings eher einem Zischen oder lautem Ausatmen gleichkommt, als einem Ur-„Knall". Stell dir nun noch vor wie es aussehen würde, wenn man durch ein Loch in der Mitte einer sich drehenden, gläsernen Spirale von oben Rauch blasen würde. Der Rauch strömte nun in sie hinein und in ihm wären sämtliche Baustoffe des Lebens vorhanden. Durch die leichte Drehung der Spirale strömte alles zu ihrer Öffnung am anderen Ende. Und was geschähe dann? Genau, der Rauch bewegte sich danach weiterhin spiralförmig fort. Und weil im Universum ein Vakuum herrscht, hört diese Bewegung nicht auf, sondern die einzelnen Teilchen streben weiterhin auseinander. Und da immer wieder Materie durch die obere Öffnung nachströmt, werden die Spiralnebel größer und weitflächiger. Auf Bildern von Hubble siehst du sehr deutlich, dass sich jede Galaxie in dieser Spiralform dreht. Nichts fliegt einfach auf einer geraden Linie auseinander, was sicherlich auf einen Ur-Knall zurückzuführen wäre. Deshalb sage ich dir, dass die Wissenschaftler mit ihrer Urknall-Theorie der Wahrheit wohl auf der Spur sind, sich damit aber trotzdem auf dem Holzweg befinden. Auf der Mattscheibe, sozusagen, erscheinen dann die informierten Teilchen als Fernsehbild, im Universum als das, was ihr kennt, eine Ansammlung von Galaxien und Sonnensystemen. Ein Fernsehgerät kann nur das Bild wiedergeben, das der jeweilige Sender zuvor eingespielt hat, genauso verhält sich das mit dem Universum. Wir haben das Programm hierfür entwickelt, geschrieben und letztlich in Szene gesetzt. Um das in seiner Tiefe zu verstehen, müsst ihr euren Standpunkt wechseln, das heißt anerkennen, dass es im Großen Ganzen bessere Programmierer und Regisseure gibt, als ihr euch das momentan vorstellen könnt. Doch trotz, oder gerade wegen dieser riesigen Dimensionen, ist es für euch sehr wichtig zu begreifen, dass die Erde und euer Sein in der gesamten Schöpfung vielleicht winzig erscheinen mögen, aber in unserem Sinn von unersetzbarer Wichtigkeit sind.

„Ihr seid ein Teil von uns! Größe und Dimensionen sind nur relativ, nicht absolut. Eure Wissenschaft schafft Wissen. Was euch weiterbringt ist Phantasie".

UNSERE ABSICHT

Der Mensch wurde von uns erschaffen, weil wir durch seinen Körper die materielle Welt erfahren wollen. Das hat nichts mit euren esoterischen Ideen und Weltanschauungen zu tun, sondern ist reiner Selbstzweck und eine absolut nüchterne Angelegenheit. Begriffe wie Moral und Ethik, sind Erfindungen des menschlichen Verstandes und existieren nicht in Folge unseres schöpferischen Manifests. Das heißt aber auch, dass ihr nicht fremdbestimmt seid, sondern eure Seele ein Teil des universellen Bewusstseins ist. Ihr seid die Macher des Ganzen und könnt euch absichtlich nicht an eure wahre Herkunft erinnern. Es wurden schon immer Geschichten von Gott und seiner Schöpfung erzählt und von vorangegangen Generationen an die nachfolgenden weitergegeben. Doch fast alles davon ist sehr diffus und mit einer abergläubischen Sichtweise verziert. Jeder Überbringer einer Botschaft fügte seine eigenen Gedankeninhalte hinzu oder ließ weg, was ihm nicht gefiel. Einige glauben an die Erzählungen von Adam und Eva, viele betrachten das als Blödsinn, und andere glauben ausschließlich an die Evolutionslehre von Darwin. Und wie bei allem, liegt auch hier die Wahrheit irgendwo dazwischen. Da die Geschichte von Adam und Eva den meisten von euch bekannt ist, auch denen, die keiner Religion angehören, werde ich diese zur weiteren Erklärung heranziehen. Für diejenigen, die diese Geschichte nicht kennen, hier ist sie nochmal in sehr komprimierter Form: Gott erschuf demnach zuerst Adam, dann aus Adams Rippe, Eva. Irgendwann gab Eva Adam einen Apfel vom verbotenen Baum zu essen. Als Gott das merkte, war er böse und schimpfte mit den beiden. Dabei schob Eva die Schuld einer Schlange in die Schuhe, die angeblich im Baum saß und sie zu dieser Tat überredet haben soll. Adam zeigte mit dem Finger auf Eva und gab ihr die Schuld. Gott warf die beiden daraufhin aus dem Paradies und überließ seine Geschöpfe ihrem Schicksal. Die zwei Sünder verließen danach schuldbeladen ihre Heimat. Als dann Jahre später schon viele Menschen auf der Erde lebten, kam der enttäuschte Gott irgendwann auf die Idee, seine ganze Schöpfung, bis auf wenige Ausnahmen, mittels Sintflut wegzuspülen, weil er mit seinen Kreaturen wohl von Grund auf nicht zufrieden war. Die Menschen gehen seitdem davon aus, dass sie Gott fürchten müssen. Sie sind bis jetzt noch niemals auf den Gedanken gekommen, dass sich die Autoren der Geschichte einfach nur geirrt haben könnten. Vollkommen kritiklos stimmen sie dem absolut negativen und destruktiven Kontext dieser Story zu. Und der lautet:

„Ihr seid machtlose, schuldbeladene und nicht vertrauenswürdige Geschöpfe, die deshalb mit Recht keinen Einfluss auf ihr Schicksal haben".

Wir finden, dass Gott, oder Götter im Allgemeinen, ein derart schlechtes Image nicht verdient haben, nur, weil die Schreiber der Geschichte vielleicht ein paar Übersetzungsfehler gemacht haben oder an den überlieferten Tontafeln ein paar wichtige Textstücke abgebrochen waren.

Um die Macht der Worte und Gedanken deutlich zu machen, erzähle ich dir jetzt eine andere Version dieser Geschichte. Eine Version die den Kontext von Liebe und Wertschätzung in sich trägt. Hättet ihr so an eure Entstehungsgeschichte gedacht, wärt ihr niemals in der Lage gewesen, euch gegenseitig im Namen Gottes zu töten. Mit dieser Geschichte von Adam und Eva kommst du mit deinem Ur-Selbst in Berührung und sie ist vollkommen frei von religiöser Verklärtheit. Für Menschen, die sich wohl fühlen und hoffnungsvoll in die Zukunft sehen wollen, bietet sie eine versöhnliche und mitfühlende Basis. Für die anderen bleibt alles wie es ist – ein unbewusster, quälender Lebensprozess, dessen Ende sie dennoch fürchten.

DIE SCHÖPFUNGSGESCHICHTE 2.0

Dem Avatar-Projekt ging eine Studie voraus, an der sämtliche Bewusstseinseinheiten aus allen Universen beteiligt waren. Das Ziel dieser Studie war, und ist es übrigens noch immer, die perfekte Kreatur zu erschaffen. Ihre ersten Geschöpfe erfüllten die Schöpfer mit Stolz und Liebe. Sie fühlten sich wie Eltern, die zum ersten Mal ihr Baby sehen. Sie bezeichneten die Frau als Eva und den Mann als Adam. Die Götter waren fasziniert von ihren Kindern. Am liebsten wären sie alle gleichzeitig in die Avatare gefahren, um zu fühlen, was diese fühlten. Adam und Eva nahmen sich selbst als eigenständige Wesen mit eigener Seele wahr, und waren gleichzeitig die Erschaffer ihrer Avatare. Zunächst hatten sie sich die Körper nur im Geist vorgestellt. Sie überlegten, welche Haar- und Augenfarbe sie haben sollten. Jedes Detail gingen sie wieder und wieder in Gedanken durch. Es war für die Götter ein vollkommen neuer Gedanke zwischen Mann und Frau zu unterscheiden, denn sie waren alle reines Bewusstsein, ohne geschlechtliche Merkmale. Deshalb versprachen sie sich große Lernerfolge durch die Trennung der Spezies in Mann und Frau. Während sie die beiden Avatare geistig zusammensetzten stellten sie fest, dass sich in Evas Avatar eigenständig Bilder von ihrem idealen Partner formten. Sie bemerkten, dass die fünf Sinne, also sehen, hören, riechen, fühlen und schmecken auf die verschiedenen Vorstellungen des neuen Partners unterschiedlich stark angesprochen wurden. So schuf zunächst Eva in ihrer Vorstellungskraft ein sehr detailliertes Bild von Adam, bis letztlich all ihre Sinne zu 100% zustimmten. Das ergab für sie letztlich den perfekten Mann. In Adam liefen die gleichen Prozesse ab, so dass Eva schließlich genauso beschaffen war, wie Adam sie sich vorstellte. Der Mensch kann sich heute nicht mehr bewusst an diesen Schöpfungsprozess erinnern, benutzt in seinem Wortschatz aber noch immer den Ausdruck „Beuteschema". Wenn auch weit entfernt vom ursprünglichen Gedanken, trifft dieser Ausdruck dennoch genau ins Schwarze. Männer und Frauen sprechen noch immer auf einen Partner an, der ihrer Vorstellung am nächsten kommt. Leider warten sie nicht auf den Moment, bis sie ihrem absoluten Wunschpartner begegnen. Die meisten von euch heiraten eine Person nur deshalb, weil sie ganz okay ist und wundern sich dann, dass die Beziehung schon bald darauf ihre Würze verliert. Neben allen anderen Gründen ist dies der entscheidende für eure unzähligen Ehescheidungen. Ihr vertraut eurer inneren Stimme nicht, die sofort erkennt, wenn ihr eurem wahren Partner gegenübersteht. Außerdem seid ihr durch das Internet ständig frei verfügbaren Sexangeboten und zahllosen Partnervermittlungen ausgesetzt, so dass ihr heute intime Beziehungen konsumiert und nicht mehr als das anseht, wofür sie ursprünglich geplant waren, nämlich der Verschmelzung von Mann und Frau. Die Schöpfer aber warteten so lange, bis die

Avatare aus ihrer Sicht vollkommen waren. Erst dann setzten sie das richtige Erbgut dafür zusammen, um sie letztlich in der für sie perfekten Version zu materialisieren. Beide Avatare waren sich von ihrer Grundstruktur wohl sehr ähnlich, unterschieden sich aber aufgrund ihrer Aufgaben doch erheblich. Eva war in der Lage, Nachkommen zu gebären, weshalb sie mit vielen intuitiven Sende- und Empfangsmodulen ausgestattet wurde, die für ein erfülltes Leben sorgen und auch gleichermaßen die Qualität der Nachkommen sicherstellten. Adam wurde für die Reproduktion der Avatare und als Gefährte für Eva erschaffen. Schon bei ihrem ersten Aufeinandertreffen war die Freude der Schöpfergötter groß. Als Adam mit seinen Händen Evas Haut berührte, löste das wahre Stürme des Glücks in ihnen aus. Ein Feuerwerk der Gefühle stieg auf und die Götter jubelten über ihre Erfindungen. Das war mehr, als sie sich je erhofften. Vor allem wunderten sie sich über die starke Empfindsamkeit der Avatare während des Reproduktionsprozesses. Eine Welle der Glückseligkeit überkam sie dabei, so dass sie sich förmlich darum stritten, wer sich als nächstes in einem der beiden Wesen aufhalten durfte. Bis zur Erschaffung von Adam und Eva konnten die Götter bereits auf einige Versuche zurückblicken, die allerdings weniger erfolgreich verliefen. Die ersten Geschöpfe waren Kreuzungen zwischen Affen und Götter- Genen. Die Affen erschienen den Göttern damals als adäquate Ausgangsbasis, da sie in ihrer Grundstruktur große Ähnlichkeit mit dem Wesen hatten, das sie später als Mensch bezeichneten.

Doch diese Kreuzungen waren nicht in der Lage eine ausreichende Menge feinstofflicher Energie aufzunehmen, die für eine bewusste Reproduktion notwendig ist. Sie vermehrten sich unkontrollierbar und ohne schöpferischen Einfluss, was schon bald inzestuöse Schäden an den Nachkommen hervorrief. Bereits in der fünften Generation hörten sie auf, sich fortzupflanzen und starben aus. Eva hingegen, war ein Wesen mit vollkommenem Schöpfungsbewusstsein. Sie entschied mit reiner Gedankenkraft, ob ihr Nachwuchs männlich oder weiblich sein sollte. Adams Samen trugen sämtliche Gene aller Götter in sich und Eva traf die bewusste Wahl, welches seiner Spermien für die Befruchtung der jeweiligen Eizelle das richtige war. Damit schloss sie die üblichen Folgen des Inzests aus und erschuf auf diese Weise alle heute bekannten Ethnizitäten. Für das Überleben und die Reinheit der Spezies mussten Adam und Eva 1.728.000 Nachkommen zur Welt bringen, eine Hälfte davon war männlich, die andere weiblich. Dafür hatten sie eine Lebensspanne von 1,3 Millionen Jahren zur Verfügung. Nach Adams und Evas Tod, was ihre Rückkehr in die Schöpfungsebene zur Folge hatte, setzten ihre Nachkommen die Replikation eigenständig fort und erschufen weitere Avatare für die Götterseelen. Über mehrere Millionen Jahre hinweg verwässerte der göttliche Genpool mehr und mehr, wodurch die Anbindung der Avatare an ihre göttliche Seele irgendwann verloren ging, bis die Löschtaste schließlich endgültig gedrückt wurde. Dadurch wurde das Spiel „Inkarnation" für die Götterseelen noch interessanter, denn erst das unbewusste Leben gab ihnen die Möglichkeit, authentische Erfahrungen als Mensch zu sammeln. Ohne ihr göttliches Wissen wurden sie auf ihre menschlichen Fähigkeiten und Empfindungen zurückgeworfen. Sobald sie mit einem Körper verschmolzen, nahmen die Erinnerungen an ihre feinstoffliche Herkunft ab und schon nach wenigen Lebensjahren erloschen sie vollständig. So tauchten sie vollkommen in das „Mensch-Sein" ein. Alles was vorher war, verschwand in ihrem Unterbewusstsein. Da durch diesen Vergessens-Prozess auch ihre geistige Schöpfungskraft abhandenkam, konnten sie nur noch ihre menschlichen Talente und Fähigkeiten nutzen, um Dinge zu erschaffen. Sie bauten Häuser, bildeten Gemeinschaften und verloren sich in ihrem irdischen Dasein, ohne Sinn für den übergeordneten göttlichen Plan. Hin und wieder kamen Erinnerungen an Ihre wahre Abstammung in Ihnen hoch. Sie deuteten diese dann als Wunder und bauten schon bald ihre Religionen darauf auf. Je nach Abstammung unterschieden sich diese schemenhaften Bilder, was dann den Nährboden für viele unterschiedliche Glaubensrichtungen bot. Bevor eine Seele sich für ein Dasein auf der Erde entscheidet legt sie fest, welche Erfahrungen sie machen will. Dementsprechend wählt sie dann sehr genau aus, wie ihr Avatar aussehen soll und welche Fähigkeiten und Potentiale dieser haben muss. Es kommt auch vor, dass Seelen nach dem Tod ihres Avatars sofort wieder inkarnieren, weil sie so viel Spaß in der physischen Welt hatten. Einige von ihnen waren Musiker mit Leib und Seele und bedauerten den Tod ihres Körpers so sehr, dass sie sich vor der nächsten Inkarnation schworen, sich zumindest ansatzweise an ihr vorheriges Leben zu erinnern, sobald sie wieder im neuen Körper wären. Nur wenigen ist es dann gelungen, in den frühen Kindheitsjahren an das alte Wissen anzuknüpfen. So kam es, dass Knaben im Alter von 5 Jahren ganze Opern komponierten. Doch auch ihnen kam mit zunehmendem Alter die göttliche Anbindung abhanden und sie verloren sich in den menschlichen Niederungen. Sie endeten meist in Frustration, einem exzessiven Lebenswandel und letztlich starben sie an den Folgen von Geschlechtskrankheiten, weil sie den Funken Göttlichkeit in ihrem Inneren nicht mehr finden konnten. Viele waren auch begnadete Wissenschaftler und benötigten mehrere Inkarnationen, um ihre Brillanz dem allgemeinen Fortschritt offenbaren zu können. Andere wurden spirituelle Lehrer, weil sie in ihrem Inneren eine höhere Macht verspürten und ein großes Verständnis für die Schöpfung im Allgemeinen hatten. Wieder andere wurden religiös Verblendete die glaubten, aufgrund ihrer Eingebungen die Macht und das Recht zu haben, ihre Mitmenschen zu zerstören. Heute leben etwa 7,5 Milliarden menschliche Avatare auf der Erde und die Zahl steigt dramatisch an. Einige von ihnen sind noch immer auf der Suche nach Vollkommenheit, andere fristen ihr Dasein ohne jeglichen Sinn und Tiefgründigkeit, verloren in einer völlig unbewussten Welt des Konsums.

„Nun wähle weise, wozu du Deinen Avatar nutzen willst".

DAS AVATAR-PROJEKT

Die Schöpfer, ihr nennt sie Götter oder in der Einzahl auch Gott, sind hochentwickelte Energiewesen. Sie erschufen zunächst das Universum mit allen Planeten, Tieren und Pflanzen, um für das neue Wesen, das sie Mensch nennen wollten, auf der Erde den perfekten Lebensraum zu kreieren. Da die Götter reines Bewusstsein sind und bis dahin keine Möglichkeit hatten, körperliche Erfahrungen zu machen, sollte ihnen das Menschwesen als Avatar dienen. Der dafür entwickelte grobstoffliche Körper musste in der Lage sein, ihre Seelenanteile aufzunehmen, damit diese das ganze Spektrum der materiellen Welt erkunden konnten. Sie hatten ganz konkrete Vorstellungen davon, was sie in dem Körper erleben wollten. Das war unter anderem das Erforschen der Sinne. Sie wollten wissen, wie sich das Gefühl der Liebe in einem Körper anfühlt und, wie all die Früchte schmeckten, die auf den unzähligen Bäumen ihrer beeindruckenden Gesamtschöpfung wuchsen. Das Mensch-Wesen sollte autark leben und sich reproduzieren können. Außerdem statteten sie es mit einem Energiesystem aus, durch das sie die allgemeinen Körperfunktionen kontrollieren und bei Bedarf stimulieren konnten.

Dieses System bestand aus insgesamt zwölf Energiespiralen. Sieben innerhalb des Körpers und fünf davon außerhalb. Die inneren Spiralen befanden sich am Kopf, am Brustkorb, am Unterleib, an den Armen und Beinen, bis hinunter zu den Füßen. Diese Spiralen drehten sich wie kleine, unsichtbare Wirbelstürme, alle im gleichen Tempo und in ihrer Schwingung auf die Frequenz der Erde abgestimmt. Sie hatten die unterschiedlichsten Vitalfunktionen zu erfüllen. Bis heute sind euch diese Energiespiralen als Chakren in Erinnerung geblieben, auch wenn ihr sie nicht mehr im ursprünglichen Sinne bewusst nutzt. Sie werden von euren Schuldmedizinern eher als esoterische Hirngespinste belächelt, als die Triebkraft eures Seins. So sorgte beispielsweise die Spirale, die ihr heute Solarplexus, das Sonnengeflecht nennt, für die Aufnahme von Sonnenenergie. Der Ursprungsmensch war stark mit der Sonne verbunden. Er war in der Lage, ausschließlich durch die Energie des Lichts zu existieren. Er musste keine Nahrung zu sich nehmen um am Leben zu bleiben, aber Essen sollte er zur Freude der Götter trotzdem. Sie wollten jeglichen Genuss auskosten, zu dem der Avatar in der Lage war. Dazu gehörte eben auch der Geschmackssinn. Die oberste Energiespirale, das sogenannte Scheitel Chakra, diente zur Kommunikation mit den Göttern und war das Ein- und Ausgangstor für deren Seelen. Die fünf Spiralen außerhalb des Körpers dienten dazu, mit dem Schöpfungsbewusstsein in Verbindung zu bleiben. Da diese fünf Chakren nur wenigen von Euch bekannt sind, solltest du zumindest ansatzweise erfahren, wozu sie da sind. Die erste der fünf externen Spiralen, also das 8. Chakra, befindet sich etwa 20 cm über deinem Kopf und breitet einen Schutzschild aus, der deinen gesamten Körper umfasst. Wir wissen, dass es Menschen gibt, die diesen Schild sehen können und ihn Aura nennen. Sie sagen, dass sie an der Aura des jeweiligen Menschen erkennen können, wie dessen allgemeiner Zustand ist, egal ob physisch oder psychisch. Je nach Befinden des Wesens, verändert sich sogar ihre Farbe. Außerdem erscheint sie einmal fast transparent und manchmal auch zäh und undurchsichtig. Das ist vollkommen korrekt, aber dieser Schild kann noch wesentlich mehr. In der Computertechnik habt ihr dafür wunderbare Ausdrücke. Ihr würdet ihn vermutlich als W-Lan Router mit eingebauter Firewall bezeichnen, der eure Hardware mit der Cloud verbindet. Die Aura kommuniziert tatsächlich mit allen anderen existierenden Wesen. Es besteht generell ein reger Austausch von Informationen unter allen physischen Formen, was für euch aber in den meisten Fällen unbewusst abläuft. Eure Cloud ist aus unserer Sicht das 9. Chakra und auch der Sitz der Individualseele. Im 9. Chakra laufen alle Erfahrungen des jeweiligen Individuums zusammen und werden dort gespeichert und nicht, wie ihr bislang vermutet habt, in eurem Gehirn. Dieses Chakra befindet sich etwa einen Meter über eurem Körper. Die Aura ist also eine Art Sensor, der alle Eindrücke sammelt und diese dann ungefiltert an die Cloud weiterleitet. Eure individuelle Cloud steht wiederum mit dem 10. Chakra in Kontakt. Dieses

Chakra wird von euren Wissenschaftlern auch Hyperraum genannt. Auch hier haben sie die Funktion der Schöpfung meisterhaft durchschaut, wenn auch nicht vollkommen frei von esoterischem Zierwerk. Aber ja, der Hyperraum existiert quasi in Funktion eines übergeordneten Netzwerk-Servers. Geographisch ist er an der Stelle angeordnet, die ihr als Ozonschicht bezeichnet. Der Hyperraum umspannt die Erde wie ein feines Geflecht, dessen Material hochleistungsfähige Speicherfasern sind. Hier laufen sämtliche Informationen aller individuellen Clouds der Erdbevölkerung zusammen, was wiederum bedeutet, dass ihr alle miteinander in Verbindung steht. Es ist der Datenspeicher sämtlicher Informationen der Erde und von allem, was auf ihr existiert. Der Ursprungsmensch, wir nennen ihn Avatar-Primus, konnte all diese Daten verarbeiten und nutzen. Er war aus der Ursubstanz erschaffen und bestand aus reinem, formgewordenem Bewusstsein. Seine DNA war sehr leistungsfähig und fügte sich aus sechs Doppelhelices zusammen und war somit eine regelrechte Datenautobahn. Dadurch, dass sich die nachfolgenden Menschen selbstständig reproduzierten, wurde die ursprüngliche DNA immer mehr verdünnt, weshalb sich eure heutige DNA bis auf die bekannte Doppelhelix reduziert hat, sozusagen zu einem Daten- Feldweg verkümmert ist. Durch diesen evolutionären Reduzierungsprozess wurdet ihr von der göttlichen Quelle getrennt, was jedoch nicht als ungewollter oder gar zufälliger Degenerationsvorgang zu sehen ist, sondern ein geplanter Schritt war, der jeder Seele ein authentischeres Spiel gewährleistete. Je unbewusster ein Avatar ist, desto mehr Herausforderungen bietet er der jeweiligen Seele. Erläuterung: Der Avatar-Primus ist das vollkommene Geschöpf. Es ist der reinste und auch erste Mensch, der auf einem Planeten ankommt. Er lebt in einer Hochkultur. Dann entwickelt er sich über die Jahrmillionen, aufgrund der Verwässerung seines göttlichen Genpools und Umwelteinflüssen, langsam zurück zum Avatar-Ultimus. Der Ultimus steigt dann nach und nach wieder auf. Ihr befindet euch momentan auf der Stufe des Avatar-Mediocris, allerdings im absteigenden Zyklus. In etwa 3 Milliarden Jahren habt ihr euch wieder zum Avatar-Primus entwickelt. Das 11. Chakra liegt an einer Stelle, die ihr wohl als den Rand eures Universums bezeichnen würdet. In ihm werden alle Daten des gesamten Universums gespeichert. Stellt euch vor, dass jeder auch noch so kleine Planet und alles, was auf ihm existiert, mit diesem Energiesystem ausgestattet ist. Somit ist das 11. Chakra im eigentlichen Sinn kein Individual-Chakra mehr, aber dennoch ein Teil von dir. Es ist die Schnittstelle, welche die materielle Welt mit der geistigen Welt verbindet. Kannst du dir vorstellen, wie gewaltig ihr Datenspeicher sein muss?

„Vermutlich nicht, aber das ist auch nicht notwendig, denn das Einzige, worüber du dir klar werden musst ist die Tatsache, dass ihr tatsächlich alle miteinander verbunden und somit EINS seid".

Das 12. Chakra ist außerhalb eures Universums und damit reines Schöpfungsbewusstsein. Es ist die Quelle jeglicher Existenz und die Schaltzentrale allen Seins. Es ist euer wahres zu Hause. Ihr seid immer dort, wenn ihr gerade mal nicht in einem Körper seid. Ihr seid dort, wenn euer Körper auf der Erde gestorben ist. Bevor ihr wieder in eine physische Form inkarniert, kreiert ihr euch in der Black-Tube das nächste Leben, die nächsten Erfahrungen, die ihr machen wollt. Dieser Kreislauf ist das Leben. Ein unendlicher, niemals endender Fluss von Gedanken und Manifestationen. Es gibt kein Ende und keinen Anfang. Alles ist ein ständig fortlaufender Prozess des Erschaffens.

PLAN EDEN

Das Wort Eden für sich allein, benutzten wir als Bezeichnung für jeden bewohnbaren Ort im Universum. Über die Jahrmillionen hinweg und der Fehlinterpretationen von Erzählungen, entstand dann aus „Plan Eden" das Wort Planeten. Und aus dem Wort Eden wurde irgendwann Erde. Die Bezeichnungen „Planet" und die Mehrzahl „Planeten" sind somit Wortschöpfungen der Menschen. Das erste Eden, um bei der heute gebräuchlichen Ausdrucksweise zu bleiben, die erste Erde, in eurem Sonnensystem, war der Merkur. In dem, für das Sonnensystem gültigen Zeitraum, war der Merkur einfach perfekt dafür. Er hatte den richtigen Abstand zur Sonne, um ideale Temperatur-

und somit Klimabedingungen zu gewährleisten. Da sich das Universum noch immer ausdehnt und Sterne, wie die Sonne, sich nach und nach aufblähen, ist das gesamte Spielfeld immer gewissen Veränderungen unterworfen. Die heutige Erde, seinerzeit von uns X3 genannt, war noch nicht bereit für eine Besiedelung. Sie war in Anbetracht ihrer geologischen Instabilität schlichtweg ungeeignet. Sie dümpelte eher durchs All, als sich auf einer berechenbaren Laufbahn zu bewegen. Sie war auch in ihrer Drehung inkonstant. Der hohe Eisenanteil in ihrem Inneren wurde zu sehr durch die magnetischen Felder innerhalb des Sonnensystems beeinflusst, so dass sie schlingerte und zu schnell und unkontrolliert von einer zur anderen kippte, weshalb wir schließlich den Mond erschufen, um der Erde die notwendige Stabilität zu verschaffen. Das Gravitationsfeld des Mondes wirkte wie die Balancestange eines Hochseilakrobats und verlieh X3 die notwendige Laufruhe und so konnte sie nach und nach ihre derzeitige Qualität ausbilden. Doch der wichtigste Grund, warum die Erde noch nicht für eine Besiedelung bereit war, lag bei der Sonne. Sie war noch zu klein und ihr Abstand zur Erde zu groß, weshalb ihre Kraft nicht ausreichte, den weit entfernten Planeten mit der lebensnotwendigen Wärme und Energie zu versorgen. Deshalb wurde der Merkur (X1) zur ersten Heimat der Spezies Mensch und sie bezeichneten ihn als ihr Paradies. Auf dem Merkur entstanden die ersten Hochkulturen mit großem Wissen über die Entstehung des Universums und dessen Gesetzen. Die ersten Avatare waren noch sehr nah dran an der

Schöpfung. Sie wussten woher sie kamen und es war eine Zeit tiefer Verbundenheit mit ihrem Ursprung. Nach fünf Milliarden Jahren war diese Verbundenheit nicht mehr spürbar, die Blaupause verwaschen und die Lebensbedingungen auf dem Merkur verschlechterten sich, aufgrund der sich aufblähenden Sonne, zusehends. Die Temperatur auf der Oberfläche stieg an und schon bald waren die meisten Wasserreserven aufgebraucht. Immer tiefer mussten die Menschen ins Innere des Merkurs eindringen um ihren Durst zu stillen. Sie wurden dadurch in drei Lager gespalten, wovon das eine dazu tendierte, sich einen Lebensraum unter der Oberfläche zu schaffen und das andere jegliche Energie in den Bau von Raumschiffen legte. Das dritte Lager musste, außer zu warten bis es vollständig war, überhaupt nichts tun. Dies waren die Avatare des Typ Primus, die erst beim Erreichen ihrer Gesamtzahl von 144.000 zu ihrer wahren Kraft finden würden. Wenn sie in ihrer Gesamtheit vollkommen waren, konnte jeder von ihnen mit seiner Seele die Reise antreten und dies, ohne jegliches technische Hilfsmittel. Diese Avatare würden, wenn die Klimaverhältnisse kein Leben mehr auf dem Planeten zuließen, einfach zum nächsten gehen und ihr grobstofflicher Avatar würde ihnen folgen. Sie waren damit der Joker im göttlichen Plan. Natürlich kam irgendwann das Unausweichliche. Die Hitze der Sonne löschte langsam aber sicher sämtliches Leben auf der Merkuroberfläche aus. Aufgrund der hohen geistigen Entwicklungsstufe der damaligen Menschen, halfen alle zusammen. Man war sich darüber im Klaren, dass nur ein verschwindend geringer Teil der Bevölkerung mit einem Raumschiff den Planeten verlassen konnte und die anderen zurückbleiben mussten. So suchte man die geeigneten Menschen für diese Weltraummission aus und nahm von jeder Pflanze, jedem Lebewesen Samen und Eizellen mit, um auf dem neuen Planeten nochmal von vorn zu beginnen. Dieser Plan war von einer so elementaren Wichtigkeit für das Überleben der Menschheit, dass er bis in die heutige Zeit im Gedächtnis der Avatare als Bau der Arche gespeichert blieb, Noahs Arche. Es war ein trauriger Moment, als man sich verabschieden musste, denn keiner wusste wie die Reise enden würde. Auch die Zurückgebliebenen machten sich große Sorgen, wie lange der Planet der Sonneneinstrahlung noch standhalten konnte und wie viel Zeit ihnen unter der Oberfläche noch bleiben würde. Die Avatare des dritten Lagers versuchten, ihre Mitmenschen zu beruhigen und ihnen klarzumachen, dass weder ein Rückzug unter die Erde noch die Flucht ins All die Rettung bringen würde. Sie erklärten ihnen, dass der physische Körper keine Rolle spielte, sondern nur die Seele das wahre Leben bedeutete. Sie sagten ihnen, dass nach dem Tod des Körpers die Seele zurück in die Schöpfungsinstanz ginge und dort darauf wartete, bis sie, die 144.000, auf dem neuen Planeten alles für sie vorbereitet und genügend Nachkommen herangezogen hätten. Danach könnten alle wieder zu ihnen kommen, einer nach dem anderen. Doch es half nichts, keiner wollte ihnen glauben. Auf dem Merkur lebten zu dieser Zeit knapp zwölf Milliarden Menschen. Anders als heute, gab es dort keine

Großstädte, sondern lediglich kleine Wohnparzellen. Alles entsprang aus dem Zentrum, in dem die ersten Avatare angesiedelt wurden. Wie Waben fügten sich dann die nächsten Grundstücke daran an, so dass die ganze Ansiedlung von oben betrachtet wie ein riesiger Bienenstock aussah. Jedes Haus verfügte über einen Garten, in dem seine Bewohner Gemüse und Früchte für den Lebensunterhalt anpflanzten. Es gab auch Tiere, doch die Menschen erfreuten sich lediglich an deren Existenz, ohne sie zu essen. Als der Tag des Aufbruchs schließlich gekommen war packten die Raumfahrer all ihre Habseligkeiten in das Schiff und veranstalteten ein letztes Fest auf ihrem Heimatplaneten. Alle kamen mit ihren Familien zusammen und feierten den Abschied. Man lag sich in den Armen, lachte und weinte. In der Morgendämmerung war es dann soweit, 2.500 Männer und 2.500 Frauen stiegen in das Raumschiff. Das Schiff war 300 Meter lang, 85 m hoch, 45 m breit und hatte insgesamt 12 Decks. Im Bauch des Schiffes waren die kristallinen Antriebsmodule untergebracht, eine Etage darüber die Samen, Eizellen und die Laboratorien. Die Unterkünfte der Besatzung befanden sich in den oberen Decks, die Verpflegung und Werkzeuge in den mittleren. Die Haut der gewaltigen Arche setzte sich aus vielen unterschiedlichen Materialien zusammen. Heute würde man die Konstruktion wohl als bionisch beschreiben. Es gab organische Stoffe, die dazu dienten, das Schiff zu einem intuitiven, lebendigen Geschöpf zu machen und ein großer Anteil bestand aus anorganischen Stoffen, wie zum Beispiel Silikon und Lithium. Das Schiff war mit

Bewusstsein ausgestattet und dadurch auch in der Lage, den gesundheitlichen Zustand seiner Besatzung zu fühlen und entsprechende Maßnahmen einzuleiten, falls irgendwelche Krankheiten das erforderten. Außerdem setzte es sämtliche analoge Informationen in digitale Impulse um, die dann in internen Silikonsträngen gespeichert wurden. Das Schiff besaß außerdem eine eigenständige Intelligenz und einige, höher entwickelte Besatzungsmitglieder, konnten mit ihm telepathisch kommunizieren. Mit seinem leistungsfähigen Flüssigkristallantrieb konnte es eine sehr hohe Geschwindigkeit erreichen. Für die rund 50 Mio. Kilometer zur Venus waren sie 30 Tage unterwegs. Je näher sie ihrer neuen Heimat kamen, desto mehr stieg die Spannung. Um die Hitze abzuhalten, die beim Eintreten in eine planetare Atmosphäre entsteht, bestand die äußere Hülle aus dem mineralischen Material TXV7, dessen Schmelzpunkt sogar über dem heute bekannten Tantalhafniumcarbid lag. Das Schwierige an dieser Mission war deshalb nicht die auftretende Hitze, sondern die Landung als solche. Wenn die Piloten die Passagiere und die Fracht heil runterbringen wollten, durften sie sich keinen Fehler erlauben. Mit einem Schiff dieser Größe war das ein fast unmögliches Unterfangen. Sobald sie die Umlaufbahn der Venus erreichten, prüften sie sämtliche Landesysteme und alles schien perfekt zu laufen. Als sie durch die Atmosphäre stießen ächzte und krachte die Arche wie ein altes Fischerboot und je näher sie der Oberfläche kamen, umso mehr Landeklappen fuhren sie aus, doch das Schiff fiel fast wie ein Stein vom Himmel. Als letzte Maßnahme zündeten sie einen riesigen Bremsfallschirm, der aus einer äußeren Kammer in den Himmel schoss und sich dann wie ein gigantischer Baldachin über ihnen ausbreitete. Aber das Gewicht des Schiffes war so immens, dass selbst dieser Schirm nicht ausreichte um eine weiche Landung zu ermöglichen. So schlug es mit viel zu hoher Geschwindigkeit auf der Oberfläche auf und zerbrach unter seiner Last in tausend Teile. Die beiden unteren Decks wurden dabei vollkommen zerstört, damit auch die Antriebskristalle und alle darüber gelagerten Samen und Werkzeuge. Von der menschlichen Besatzung überlebte nur die Hälfte.

DIE NEUE HEIMAT

Nachdem die Überlebenden drei Tage ihre Toten betrauert und ihre eigenen Wunden versorgt hatten, retteten sie einen kleinen Teil der Verpflegung und packten alles in Säcke, die sie dann hinter sich herzogen. Das Klima auf der Venus war mild und trocken. Es gab Wälder und Wiesen, Pflanzen und Früchte. Am Fuß eines Gebirges fanden sie ein paar kleine Höhlen, in die sie ihr spärliches Hab und Gut brachten. Natürlich wurden sie durch die Bruchlandung, und dem damit verbundenen Verlust all ihrer technischen Geräte, schlagartig in die Steinzeit zurückversetzt, doch sie waren am Leben. Sie blickten in den Himmel und sahen zu, wie ihr

alter Heimatplanet vor der glühenden Sonne seine
Bahnen zog.

Es schien gerade so, als wären sie auf einer
Urlaubsreise mit einem Traumschiff gekentert und
nun auf einer einsamen Insel gestrandet, ohne
Technik, Werkzeug und Nahrung. So ritzten sie mit
scharfkantigen Steinen mühevoll die Erinnerungen
an ihre einstmalige Hochkultur in die Felswände,
um der Nachwelt von ihrer Ankunft und ihrem
Schicksal zu berichten. Als nach mehreren Monaten
die 144.000 Avatare auf der Venus eintrafen, waren
bis auf zwei Frauen und drei Männer, alle ihre
Artgenossen gestorben. Stelle dir nun einmal vor wie
es wäre, wenn du bei einer Urlaubsreise mit einem

Traumschiff kentern und auf einer einsamen Insel stranden würdest. Du hättest dabei vielleicht dein Handy in der Hosentasche gerettet und die Kleidung, die du zum Zeitpunkt des Untergangs getragen hattest. Was würde dir aber das Handy nützen, ohne Funknetz? Was würdest du mit all deinem Wissen anfangen, ohne entsprechende Infrastruktur? Jetzt kannst du dich möglicherweise in die Lage deiner Vorfahren hineinversetzen. Sie waren vor mehreren Milliarden Erdenjahren auf der Venus gestrandet, ohne Technik, mit wenigen Lebensmitteln und noch weniger Werkzeugen. Nur die Erinnerung an ihre Hochkultur war ihnen geblieben, ihr bislang verfügbares technisches Wissen, und eine Vision. Und diese Vision war nun auf das Wesentliche reduziert und lautete: „Überleben!"

POPULATION

Die Bevölkerungszahl der heutigen Erde entwickelt sich seit Beginn des Industriezeitalters exponentiell. Aufgrund der Größe der Erde und der geografischen Verteilung der Menschen, spürt ihr das nicht unmittelbar. Ihr wisst nur, dass immer mehr Menschen in die Städte wollen und, dass dort deshalb der größte Andrang herrscht. Da jeder einzelne von euch so tief in sein Tagesgeschäft eingebunden ist, und die Flut von Informationen immer stärker wird, schaltet ihr in der breiten Masse regelrecht ab. Ihr verfallt in einen Zustand, den wir hyperaktive Stase nennen. Was auf den ersten Blick wie ein Widerspruch klingt, lässt sich auf den zweiten aber sehr gut nachvollziehen. Ihr rennt jeden Tag gestresst durch die Gegend, um euren Lebensunterhalt zu verdienen und vergesst dabei das Wichtigste, euren wahren Existenzgrund. Diese, im außen gelebte Hyperaktivität, ist der Grund für eine innere Stagnation. Ihr entwickelt euch in der physischen Welt weiter, bleibt aber bei der spirituellen Expansion auf der Strecke. Fast alles, was ihr im Sinne eurer spirituellen Weiterentwicklung unternehmt, dient eigentlich nur zur Verbesserung eurer Außenwirkung. Ihr wollt von anderen als intelligent und weise angesehen werden. Was wir erreichen wollen ist, dass ihr euer wahres Wesen erkennt und die notwendigen Vorkehrungen trefft, die für den Erhalt des Avatar-Projekts notwendig sind. Damit ihr das schafft, müsst ihr natürlich zuerst die ganze Wahrheit eures Seins verstehen und anerkennen. Trotz dieser exponentiell ansteigenden Bevölkerungszahl können wir den Zeitrahmen menschlicher Avatare auf der Erde gut berechnen und abstecken. Aufgrund der immensen Größe des gesamten Plans stoßen wir dabei nicht nur auf riesige Zahlen, sondern auch auf Begebenheiten, die eure moralische und ethische Sichtweise auf die Dinge im Allgemeinen aus der Fassung bringen könnten. Damit ihr das ganze Ausmaß besser nachvollziehen könnt, beginnen wir mal wieder mit der euch bekannten Geschichte von Adam und Eva. Vor 2.089.608 Jahren (in Worten: zwei Millionen Neunundachtzigtausend Sechshundertacht) begann die aktuelle Menschheitsepoche auf dem Planeten Erde. Eure

Wissenschaftler nennen den modernen Mensch Homo sapiens und sie gehen davon aus, dass er maximal 200.000 Jahre alt ist. Sie machten das hauptsächlich an Knochen fest, die sie mit allen bislang gefundenen Überresten verglichen haben. Sie glauben tatsächlich, dass der Mensch ein Produkt evolutionärer Ereignisse ist.

„Wir sagen euch, das ist lächerlich und wären wir humorlos, könnten wir das glatt für eine Beleidigung halten!"

Wie bereits gesagt, wurde das Universum von uns erschaffen und wir sind reines Bewusstsein mit unendlich viel Phantasie und Ideenreichtum. Wieso sollten wir eine derart wichtige Entwicklung dem Zufall überlassen? Außerdem ist euer Universum nicht das einzige, wie ihr mittlerweile wisst und vor allem, ist der Mensch nicht der Nabel der Welt.

„Der Mensch ist Mittel zum Zweck!"

Wenn du die Welt mit offenen Sinnen betrachtest wird dir auffallen, dass die bisherigen wissenschaftlichen Errungenschaften im Grunde genommen vorsintflutlich sind. Die schnellsten und beeindruckendsten Fortschritte habt ihr in den letzten zwei Jahrzehnten in der Computertechnik gemacht. Weil das alles so rasend schnell ging, kommt vielen dieser Fortschritt geradezu „außerirdisch" vor, weshalb Verschwörungstheoretiker weltweit täglich für neue Schlagzeilen sorgen. Immer wieder liest man in Zeitungen und im Internet über Area 51, UFO-

Sichtungen, findet jedoch genauso viele Dementis. Einige behaupten sogar, dass führende Persönlichkeiten mit Außerirdischen Geschäfte machen und einige davon bereits durch Aliens ersetzt wurden. Das ist natürlich Unfug, aber zugegebenermaßen ein nettes, phantasievolles Abfallprodukt Hollywoods. Denn in Wirklichkeit liegt diese schnelle Entwicklung ganz einfach an dem zuvor genannten exponentiellen Wachstum der Bevölkerung. Erinnere dich an die zwölf Chakren und den Hyperraum. Je mehr Avatare, und damit Bewusstseinseinheiten auf der Erde leben, desto mehr Ideen, Anregungen und Phantasien landen dort in der Ablage. Der Hyperraum ist eine gigantische, universelle Bibliothek, auf die jedes Individuum Zugriff hat. Im Jahr 2.087.591 vor Christus fand das derzeitige Avatar- Projekt auf der Erde seinen Anfang, ob das den Wissenschaftlern gefällt oder nicht. Was ihnen noch viel weniger gefallen wird ist die Tatsache, dass dies nicht die erste menschliche Population auf der Erde ist. Denn die ersten Menschen landeten, wie bereits beschrieben, vor 84 Millionen Jahren auf ihr. Für dich mag diese Zeitspanne unfassbar groß erscheinen, doch besinne dich, dass für uns Zeit, und damit auch Raum, nicht existiert. Mal ehrlich, glaubst du wirklich, dass wir diese riesigen Universen nur erschaffen, um der Menschheit für lächerliche 200.000 Jahre einen Spielplatz zur Verfügung zu stellen? Denke auch mal an all die Reptilien, die ebenfalls den Meteoriteneinschlag vor 66 Millionen Jahren überlebt haben, und heute noch so aussehen wie damals. Nur Menschen soll es erst seit so kurzer Zeit geben? Kommt dir das nicht merkwürdig vor? Die Bevölkerungsobergrenze menschlicher Avatare liegt bei 12 Milliarden. Danach beginnt die Dezimierung, wodurch auch immer. Grund hierfür waren bisher meist Seuchen, Kriege oder Naturgewalten. Am 21.12.2112 wird diese Anzahl erreicht sein. Von heute aus betrachtet sind das nur noch 93 Jahre. Und das ist der Grund, warum wir nun schon seit mehreren Jahrzehnten Kontakt zu Euch aufnehmen, um euch auf diese Aufgabe vorzubereiten. Wir haben auf unterschiedlichen Wegen versucht, zu euch durchzudringen. Durch unsere Präsenz im Hyperraum waren wir Inspiration für unzählige Autoren, die alle über das Thema Bewusstseinserweiterung geschrieben haben und noch immer schreiben. Einige von Euch waren für diese Lehren empfänglich, andere nicht. Viele haben sich mit dieser erbauenden Literatur ernsthaft beschäftigt, andere haben sich vollkommen dem Konsum von billigem Kitsch hingegeben.

„Wir haben in früheren Botschaften meist in Metaphern gesprochen, doch jetzt sind wir gezwungen, Klartext zu reden".

Wir nehmen nun erneut Kontakt zu euch auf und wollen die breite Masse erreichen. Wir haben unsere Worte absichtlich so gewählt, dass nicht nur Gelehrte und Fachleute die Botschaft verstehen können, sondern jeder der lesen kann. Wenn Ihr mit der Erde weiterhin so umgeht, wie ihr das seit Jahrzehnten tut, müsst ihr in 93 Jahren für den letzten planetaren Sprung auf den Mars bereit sein. Eure Vorbereitungen laufen schon heute, doch für die Mission-Arche benötigt ihr ein Schiff, das von anderem Kaliber ist als eure bisherigen. Da wir wissen, dass dieser Schritt viel zu früh wäre, wollen wir euch davon abhalten. Nur der Avatar-Primus ist fähig, einen planetaren Sprung durchzuführen. Ihr seid momentan im Stadium des Avatar- Mediocris und damit definitiv nicht dazu in der Lage. Eine beachtliche Anzahl von Menschen hat den Anschluss an den Hyperraum seit 1990 sehr gut geschafft. Seit diesem Jahr hat die Computerindustrie wahre Meisterwerke der Technik mit Leichtigkeit erschaffen. Erkennt an, dass IHR alle die Erschaffer dieser Technologien seid. Jeder Gedanke, den ihr denkt, steht im Hyperraum allen anderen zur Verfügung. Wenn ihr vielleicht auch nicht persönlich in der Lage seid eine Erfindung zu machen, ist einer eurer Geistesblitze möglicherweise genau der, auf den ein Wissenschaftler jahrelang gewartet hat, aufgrund seiner Betriebsblindheit aber nicht selbst darauf gekommen ist. Versteht, dass euer Fortschritt eine Teamleistung ist. Es ist euer übergeordneter Lebenssinn, die Cloud mit Informationen zu füllen. Alles, was ihr gerade tut und wie ihr euch verhaltet, trägt seinen Teil dazu bei. Jeder von euch ist wichtig und stellt seine Informationen der Allgemeinheit zur Verfügung. Hört auf, alles und jeden zu bewerten, denn ihr messt nur nach dem Maßstab eures Egos und nicht nach den Maßstäben eines Schöpfers.

„Ihr seid zu 100% so, wir ihr nach eurem eigenen Plan sein solltet".

Achtet euch dementsprechend gegenseitig und hört auf, euch zu bekämpfen und zu verachten. Für die Marsmission benötigt ihr wesentlich mehr, als euer derzeitiges Potential hergibt. Deshalb bekommt ihr schon bald Verstärkung. Am Samstag, den 21.12.2052, dem Tag der Wintersonnenwende, kommen um 21:12 Uhr MEZ weltweit 144 Babys zur Welt, von denen 12 das Potential haben, die Menschheit anzuführen und den dafür benötigten technischen Fortschritt zu initiieren. Außerdem werden diese 12 Apostel der Ahnendämmerung dafür sorgen, dass die Mehrheit der Menschen den Weg aus dem Unbewussten ins göttliche Bewusstsein schafft.

„Du stellst dir jetzt zu Recht die Frage: Warum diese Hektik? Die Antwort ist einfach aber tragisch: Weil ihr es bis dahin geschafft habt, den Planeten Erde fast gänzlich zu zerstören".

Wir wollen, dass beide Lager, die Raumfahrer und die Erdenbewohner eine Chance haben, zu überleben. Nach unserem Plan sollte der nächste planetare Sprung erst in 4 Mrd. Jahren stattfinden. Verstehst du nun, warum wir so sehr darauf bedacht sind, dass ihr unsere Botschaft versteht. Ihr seid gerade mal 84 Millionen Jahre lang hier und müsst schon an Flucht denken. Das sollte nicht passieren. Jetzt ist Handeln angesagt. Der vom Ego gesteuerte Mensch neigt dazu, sich selbst als die einzig wahre, wertvollste Schöpfung anzusehen. Seine

Weltanschauung ist natürlich immer von seiner jeweiligen individuellen Blaupause und seines persönlichen Umfeldes abhängig. Ein Mensch, der in einer heißen, trockenen Wüstenregion lebt, hat logischerweise eine andere Einstellung zu Wasser als einer der im Norden lebt, wo Wasser in Form von Regen quasi zum täglichen Leben gehört. Ein Christ betrachtet die Welt mit anderen Augen, als ein Moslem genau wie ein Hindu oder Buddhist. Diese unterschiedlichen Betrachtungsweisen wären auch überhaupt kein Problem, im Gegenteil, alle könnten vom anderen lernen. Doch das menschliche Ego, das euch, aus dem Blickwinkel der schöpferischen Herkunft betrachtet, beschützen soll, wiegelt euch gegenseitig auf. Fast jeder von euch hält sich selbst für so wichtig, dass er jeden anderen als Feind betrachtet, nur, weil der anders denkt, isst, glaubt, aussieht oder einer für euch fremden Kultur entstammt. Seitdem die ersten Menschen auf der Erde ankamen, haben sie ihre Erfahrungen und Erlebnisse mittels primitiver Zeichnungen in Höhlenwände eingeritzt. Das war die einzige Möglichkeit, ihr gesamtes Wissen der Nachwelt zu hinterlassen. Die Zeichnungen ihres Raumschiffes und ihren Raumanzügen sollten für die Nachkommen als Impuls dienen, sich ihrer wahren Herkunft zu erinnern. Sie wollten damit sicherstellen, dass ihr bisheriges Wissen erhalten bleibt und das Avatar-Projekt ungefährdet weiterläuft. Dies klappte bei den Menschen, die den Merkur und die Venus besiedelten, sehr gut. Sie schafften es über die Jahrmilliarden hinweg, sich immer wieder ihrer Göttlichkeit bewusst zu werden.

Die menschlichen Avatare sind derzeit in einer Entwicklungsphase, die das noch nicht flächendeckend zulässt. Eure DNA ist mittlerweile so verdünnt, man kann durchaus auch beschädigt sagen, dass die Erinnerung an eure göttliche Existenz fast vollkommen verblasst ist und das schon seit vielen Generationen. Und wenn wir hier von einer Generation sprechen meinen wir nicht das Generationenmodell, das ihr kennt. Ihr definiert eine Generation mit einer Laufzeit von durchschnittlich 25 Jahren, die Großeltern, Eltern und Kind beinhaltet. Wir verstehen unter einer Generation die Aufenthaltsdauer einer Spezies auf einem Planeten, bis zu ihrem zumindest fast vollständigen Erlöschen. Ein paar Überlebende gibt es immer, die für den weiteren Erhalt der Art sorgen. Doch die Qualität der Avatare nimmt mit jedem dieser Generationenwechsel zunächst einmal ab, um sich dann wieder empor zu arbeiten. Zugegeben, die menschlichen Avatare der heutigen Erde hatten es von Anfang an nicht leicht. Die erste Generation lebte von 83.997.983 v. Chr. bis 65.997.983 v. Chr. Dann traf ein riesiger Meteorit die Erde und löschte annähernd jegliches Leben auf ihr aus. Natürlich überlebten auch hier wieder ein paar eurer Vorfahren und viele andere Lebewesen, die bis heute in fast unveränderter Form existieren. Doch diese Katastrophe war wohl eine der härtesten der Menschheitsgeschichte und der gesamten Erde. Das heißt auch, die erste Generation der Erdenmenschen hatte nur 18 Millionen Jahre Zeit, um sich als göttliche Avatare wieder neu im Plan Eden zu strukturieren und einzuordnen. 18 Millionen Jahre mögen euch lang erscheinen, doch um ein Wesen mit einem Bewusstsein auszubilden, das wir als göttlich im Sinne unserer Absicht bezeichnen, ist dies ein viel zu kurzer Zeitraum. Dieses Ereignis hatte zudem den größten negativen Einfluss auf die DNA sämtlicher Nachkommen. Es gab schon immer Phasen auf der Erde, in der sich die Bevölkerungszahl dezimierte. Grund dafür waren Eiszeiten, Dürrephasen, Seuchen und Veränderungen im Magnetfeld. Bei jedem dieser Ereignisse starben unzählige Lebewesen, doch die stärksten überlebten. Auch das mag euch als grausames Spiel der Natur erscheinen, für uns ist das aber ein geplanter Prozess, wodurch die einzelnen Arten qualitativ hochwertiger werden. Der Mars soll der letzte Planet im Sonnensystem sein, den wir als Basis für Avatare nutzen. Danach wollen wir das universelle Netz wieder einholen und von vorne beginnen. Doch jetzt seid ihr gerade dabei, uns einen Strich durch die Rechnung zu machen. Bitte versteht uns nicht falsch, das ist kein Vorwurf, sondern lediglich eine Feststellung. Wir wollen euch helfen, eine Kurskorrektur vorzunehmen, denn wir möchten, dass ihr so lange auf der Erde bleibt, bis die Zeit für einen weiteren Sprung wirklich reif ist.

DIE SONNE

Die Sonne ist der wichtigste Faktor im Avatar-Projekt. Sie ist Lebensspender und Todbringer in einem. Doch vor allem ist sie eines, euer verlässlichster Ratgeber und Begleiter beim Plan Eden. Gerade im derzeitigen Zeitalter ist sie von immens großer Bedeutung. Sie spricht regelrecht mit Euch, doch ihr habt für ihre Botschaften nicht die richtigen Empfänger. Ihr fürchtet euch sogar vor ihr. Seit Jahrzehnten reden die Ärzte auf euch ein und warnen euch vor ihrem Licht. Deshalb schmiert ihr euch mit Sun-Blocker ein oder vermeidet es, euch dem Sonnenlicht auszusetzen. Sie sagen, ihr würdet Hautkrebs bekommen, wenn ihr euch ihren Strahlen aussetzt. So habt ihr euch dann auch pflichtbeflissen vor ihr versteckt und als Lohn mehr Hautkrebs und andere Krebsarten erhalten, als euch lieb ist. Es sterben mittlerweile mehr Menschen an den Folgen der „Sonnenvermeidung", als diejenigen, die ihr flapsig als Sonnenanbeter bezeichnet. Die Sonne liefert euch vier wesentliche Dinge:

1. Licht, und damit universelle Information

2. Nahrung, hauptsächlich in Form von Vitamin D

3. Erinnerung an eure göttliche Abstammung

4. Impulse zur Einhaltung des Zeitplans für einen Planetaren Sprung

Eure Vorfahren haben sich immer erst dann auf den Weg zum nächsten Planeten gemacht, wenn die Sonne dafür das Freizeichen gegeben hatte. Wenn ein Stern, wie die Sonne, sich aufbläht, tut er das aus mehreren Gründen. Zum einen, weil seine internen Prozesse immer schneller ablaufen und die Hitze dadurch steigt, was dann wiederum ein Aufblähen zur Folge hat. Zum anderen, weil das Netz des Universums sich immer noch ausdehnt. Das hat führt dazu, dass alle Körper, die sich in ihm befinden, ebenfalls dieser Ausdehnung unterworfen sind. Doch das sind nur die physikalischen Gründe. Ein weiter Grund ist folgender: Die Sterne und Planeten stehen untereinander in Verbindung. Je größer die Sonne wird, desto stärker wird ihre Strahlung. Die intensiveren Strahlen füttern dann den nächsten Planeten stärker als bislang, wodurch seine Beschaffenheit immer vollkommener wird und erst nach der Vollendung dieses Entstehungsprozesses einer Bevölkerung zur Verfügung stehen kann. Der Avatar Primus erkennt dieses Zeichen und bereitet sich dann für den planetaren Sprung vor. Wir haben das Universum so erschaffen, dass Planeten im Allgemeinen 12 Milliarden Jahre bestehen. Sechs davon werden dazu benötigt, die Infrastruktur für sämtliche Lebewesen zu erschaffen. Ist der jeweilige Planet dann bereit für die Aufnahme dieser Wesen, wird er durch uns besiedelt. Genau wie das ganze Universum „ausgeatmet" wird, so werden auch die Lebewesen aus der Schöpfungsinstanz über das universelle Netzwerk auf den entsprechenden Planeten gebracht, sozusagen ins Leben geatmet. Ihr landet dort alle als vollständige, autarke, reproduktionsfähige Avatare. Ihr findet auf dem Planeten schon alles vor, was ihr zum Leben benötigt. Pflanzen, Kräuter, Früchte, einfach alles, was ihr euch vorstellen könnt.

„Es wundert uns nicht, dass die Bezeichnung Paradies von euren ersten Vorfahren immer weiter an die nächste Generation überliefert wurde und bis heute bekannt ist".

Wenn ihr verstehen könntet, dass die Sonne nicht nur ein enormes Kraftwerk, sondern auch der Speicher und gleichzeitig Sender des sämtlichen Schöpferwissens ist, würdet ihr euer komplettes Dasein überdenken. Wir haben das Universum nicht aus einer Schnapslaune heraus entworfen, sondern alles sehr wohl bedacht. Avatare sollen so lange auf dem jeweiligen Planeten leben, bis die Sonne aufgrund ihres Wachstums und den damit verbundenen Temperaturen das Startzeichen gibt.

„Avatare sollen den Planeten nicht verlassen, nur, weil sie ihn zerstört haben!"

Weshalb die Einhaltung dieses Zeitplans so wichtig ist hängt damit zusammen, dass ein so komplexes Lebewesen, wir ihr das seid, durch die Energie der Sonne gespeist und geformt wird. Die Sonne ist auch dafür da, die ursprüngliche zwölfsträngige DNA aufrecht zu erhalten, oder wiederherzustellen. Sie steht in ständiger Kommunikation mit euch und leitet alle Eindrücke an die Schöpfungsinstanz weiter, damit euer jeweiliger Entwicklungsstand ständig mit der Blaupause abgeglichen werden kann. Um es mit klaren Worten auszudrücken: Ihr kommt mit vollem Schöpferbewusstsein auf einem neuen Planeten an. Da ihr bei der Übersiedelung auf einen anderen Planeten in der Regel alle technischen Errungenschaften verliert, beginnt ihr immer wieder in der Steinzeit, metaphorisch gesprochen. Ihr beginnt dann also wieder von vorn und eignet euch dann über die Jahrmillionen alles wieder erneut an, bis ihr letztlich erneut in den Besitz einer vollständigen DNA und somit Schöpferqualität gekommen seid. Erst wenn ihr diesen Entwicklungszyklus als Avatar abgeschlossen habt, könnt ihr mit vollem Bewusstsein einen Planeten zurücklassen und euch auf die Reise zum nächsten machen. Der Mars wird erst in etwas mehr als 6 Milliarden Jahren für eine Besiedelung bereit sein. Selbst wenn ihr es in 93 Jahren schaffen solltet, die Reise aufzunehmen, bedeutet das mit großer Sicherheit das Ende des Avatar-Projekts. Denn ihr reist nicht im Bewusstsein eines Schöpfers, sondern im Bewusstsein von Angst und Zerstörung. Euren Planeten habt ihr bis dahin fast gänzlich in die Knie gezwungen und die Schwingung dieser Zerstörung wird euer Wegbegleiter sein. Das ist nicht nur sehr ärgerlich, sondern für die Spezies Mensch tödlich. Ihr werdet euch auf dem Mars nicht richtig entfalten können, weil der Mars noch lange Zeit keine bewohnbare Oberfläche bieten wird. Es gibt dort keinen Sauerstoff, keine Pflanzen, nur Sand und Staub. Auch wenn natürlich schon alle Elemente für sämtliche Lebensformen durch unsere Grundkonstruktion in ihm vorhanden sind, werden sie euch nichts nützen. Um einen Planeten bewohnbar zu machen braucht man ein großes Wissen und vor allem „göttliche" Zeit, Zeit, die ihr als menschlicher Avatar einfach nicht habt. All eure Mühen, die ihr dort aufwenden würdet, wären vertane Liebesmüh und letztlich nur ein Kampf gegen Windmühlen.

„Ihr sollt so lange auf der Erde leben, wie es unser gemeinsamer Plan vorsieht"

AVATARE

Bevor wir beschlossen Avatare zu entwickeln, mussten wir uns zunächst einmal darüber klarwerden, was wir durch sie alles erfahren wollten. Bewusstseinsverbände aus allen Universen brachten ihre Ideen und Wünsche ein, was sich letztlich zu einer unfassbaren Vielfalt von Avataren entwickelte. Alles, was du jemals gesehen und vielleicht auch noch nicht gesehen hast, ist letztlich ein Avatar. Eine Maus, davon gibt es Springmäuse, Feldmäuse, Spitzmäuse, und so weiter. Schlangen, wie Kreuzotter, Ringelnatter, Kobra. Kurzum, alles was kriecht, schwimmt oder fliegt. Jedes Tier mit Fell, Schuppen oder Federn. Selbst Steine, Blumen und Pflanzen, einfach alles, das eine materielle Form hat - auch die Erde selbst, ist ein Lebewesen. Der Mensch ist also nicht allein auf der Welt. Vor allem ist er nicht der Einzige, der wertvoll für die Schöpfung ist. Das vergesst ihr leider immer wieder, auch wenn sich der Mensch in der Tat von vielen

anderen Lebewesen unterscheidet. Menschliche
Avatare sind in der Lage, unsere spirituellen Werte
in seiner DNA zu integrieren und Bewusstsein zu
schaffen. Doch nicht das bewusstseinsbildende
Element allein macht ihn für uns so wichtig, sondern
sein Erfindungsreichtum in Bezug auf den Umgang
mit Werkzeugen. Er ist in der Lage seine Gedanken
in Pläne umzuwandeln und daraus reale Dinge zu
erschaffen, selbst bei vollkommener Unbewusstheit.
Dass er aus seinen intellektuellen Errungenschaften
heraus auch Waffen baut, die alles andere zerstören,
steht auf einem anderen Blatt. Doch auch hier geben
wir euch keine Schuld, denn, so hart es auch klingen
mag, selbst das haben wir erwartet und eingeplant.
Damit ihr euch selbstständig und unabhängig von
uns entwickeln konntet, statteten wir euren Körper
mit zwei wesentlichen Werkzeugen aus. Ihr nennt
das eine Werkzeug Ego, und das andere, Verstand.
Diese Grundausstattung ermöglicht euch ein
erfülltes, glückliches Leben, das aber in
Sekundenschnelle in einem Desaster enden kann,
sofern ihr euch über deren Existenz und
Wirkungsweisen nicht bewusst seid. Ihr habt bislang
euer Bestes gegeben. Das können wir euch
versichern. Da aber die meisten von Euch
vollkommen unbewusst leben, das heißt, sie wissen
nicht, wer sie wirklich sind, geschweige denn, wozu
sie existieren, ist das Gefühl von Schuld mittlerweile
ein dominanter Bestandteil eures Lebens geworden.
Ihr habt deshalb auch keine Ahnung, dass schuld
die Triebfeder jeglicher Zerstörung ist. Schuld ist
destruktiv und vernichtend. Sie ist das größte
Hindernis auf eurem Weg zur Klarheit. Deshalb

müsst ihr jetzt als erstes damit aufhören, irgendjemandem Schuld zuzuweisen, egal aus welchem Anlass. Nicht nur, weil es einfach nichts bringt, sondern weil ihr anerkennen müsst, dass alles, was in eurem Leben passiert von euch kreiert wurde. Wir wissen, dass ihr über die vielen Jahrmillionen vergessen habt, wer oder was ihr überhaupt seid. Aus diesem Grund bringen wir das jetzt auf den Punkt:

„Ihr seid Bewusstsein, das sich zurzeit in einem menschlichen Avatar befindet. Leider wisst ihr nicht immer, wie man dieses Vehikel richtig nutzt".

Der Avatar ist das Gefäß für eure unsterbliche Seele, in dem ihr Erfahrungen macht. Das ist alles. Nicht mehr und nicht weniger. Hier ist kein Platz für Interpretationen, das sind die unumstößlichen Fakten. Allerdings sind auch Tiere wertvolle Geschöpfe und aus unserer Sicht mit den Menschen gleichgestellt. Hochentwickelte Seelen benutzen sie deshalb gern als Avatar, weil sie im Tierkörper ein vollkommen anderes Sinnes-Spektrum als im menschlichen Avatar erleben können. Und ihr züchtet sie auf brutalste Weise als Lebensmittel heran um sie dann, weit vor ihrem natürlichen Lebensende, gnadenlos zu töten. Ohne euch an Begriffe wie Moral und Ethik zu erinnern, aber derartige Massentötungen von Lebewesen haben wir in unserem Projekt nicht eingeplant. Das bereitet uns großen Kummer. Wir haben nicht die Absicht euch zu belehren, denn wir sind keine Schulmeister, sondern gleichberechtigte Bewusstseinseinheiten, die sich lediglich an den Plan halten. Wir haben zuvor gemeinsam vereinbart, dass wir eingreifen sollen, falls auf der Erde etwas aus dem Ruder läuft. Da ihr euch im derzeitigen Bewusstseinszustand nicht mehr darin erinnert, müssen wir euch liebevoll aber eindringlich in die richtige Richtung schubsen. Damit ihr tatsächlich eine Kursänderung vornehmen könnt ist es unabdingbar, dass ihr ein paar wesentliche Dinge über euch erfahrt. Vermutlich habt ihr schon viel darüber gelesen, aber die daraus entstandenen Einsichten und Erkenntnisse nicht wirklich in eurem Leben implementiert. Ein besonders wichtiges Thema ist die Wertschätzung. Da dies in erster Linie dich als Individuum betrifft, bevor es sich auf kollektiver Ebene auswirken kann, spreche ich dich auch hier wieder direkt an. Nun sind DEINE absolute Ehrlichkeit und Aufnahmebereitschaft gefordert, damit du zunächst bei dir persönlich reinen Tisch machen kannst.

WERTSCHÄTZUNG

Weil Wertschätzung wichtig ist, um das Avatar-Projekt im tiefen Sinn zu verstehen, erläutere ich dir, wie wir die Begriffe Wertschätzung und Dankbarkeit definieren. In eurem allgemeinen Sprachgebrauch drücken beide Begriffe ungefähr das gleiche aus. Wir finden allerdings, dass der Kontext der Wertschätzung ein anderer ist, als der der Dankbarkeit. Dankbarkeit hat irgendwie etwas

Untertäniges. „Ich bin dankbar, dass du mir geholfen hast", schreit geradezu nach dem Nachsatz, „...denn ohne dich hätte ich es nicht geschafft". Darauf könnte dann noch folgen, „...ich selbst bin nicht gut genug". Irgendwie hinterlässt Dankbarkeit den Eindruck: „Ich bin klein und hilflos". Und derjenige, der mir geholfen hat wird dadurch, ohne, dass er das von sich aus will, erhöht. Mit meiner Dankbarkeit stelle ich mein Licht unter den Scheffel und den anderen setze ich auf einen Thron. Dankbarkeit hat immer den bitteren Beigeschmack, dass eine äußere Kraft helfen muss, die mir offenbar fehlt. Kannst du nachvollziehen, was ich meine? Bin ich jedoch wertschätzend, ist das anerkennend und auch gleichzeitig vermittelnd. Ersetze ich Dankbarkeit durch Wertschätzung muss ich allerdings auch das Wort „Hilfe" durch das Wort „Unterstützung" ersetzen. Dann würde ich in der gleichen Situation sagen: „Ich finde es großartig, dass du mich in dieser Sache unterstützt hast". Nun folgt in deinem internen Dialog der Nachsatz: „...ich hätte es wohl auch allein schaffen können, doch du warst mir eine große Unterstützung, weshalb alles schneller ging". Spürst du den Unterschied? Bei dieser Aussage bleiben beide Gesprächspartner auf Augenhöhe. Das bedeutet nicht, dass du niemals mehr „Danke" sagen sollst. Sich zu bedanken gehört schließlich auch zum guten Ton. Es geht uns hierbei um die Wertschätzung an das Leben im Allgemeinen. Wir beabsichtigen, dich für einen Paradigmenwechsel vorzubereiten und hierfür musst du die Spielregeln einfach kennen und später auch beherrschen.

Zur Vertiefung: Ihr seid durch die Religionen so konditioniert, dass ihr Gott, den Schöpfer, immer im Außen seht. Ihr huldigt ihm und bittet ihn um Gnade. Wenn ihr anerkennt, dass IHR selbst der Schöpfer seid, müsst ihr eure Sichtweise auf alle Dinge verändern, die sich im Leben ergeben. Deshalb die Frage: Wenn du selbst Gott bist, wen musst dann um Hilfe bitten? Schätzt du das, was dich umgibt? Wertschätzt du das, was du in deinem Leben hast oder gar jenes, was du als dein Leben bezeichnest? Warum tust du das? Was veranlasst dich dazu Dinge, Personen oder Umstände wertzuschätzen? Schon als kleines Kind brachten dir deine Eltern bei, Dankbarkeit auszudrücken, wenn dir jemand ein Geschenk machte. Das gehörte schon immer zu einem einvernehmlichen Miteinander und ist ein Zeichen guter Erziehung. Natürlich scheint eine solche Dankbarkeit in erster Linie dafür gedacht, bei dem anderen einen guten Eindruck zu hinterlassen, als von Wert für dich selbst zu sein. Dankbarkeit ist meist kein Ausdruck echter Wertschätzung aber ein überaus wichtiger Teil für den Umgang mit deinen Mitmenschen. Dankbarkeit und Wertschätzung sind in der heutigen Zeit zu einer billigen Phrase verkommen. Ihr seid euch nicht klar darüber, wie wichtig der Sinn echter Wertschätzung für die Weiterentwicklung als menschliches Wesen ist. Das liegt zum einen daran, dass ihr alles habt, was ihr zum Leben braucht. Ihr benötigt nicht wirklich die Geschenke anderer. Ihr kauft euch schlichtweg selbst, was ihr euch wünscht. Warum solltet ihr euch also über die fünfte gestreifte Krawatte oder das dritte Teeservice von eurer Mutter freuen? Natürlich ist das ein sehr banales Beispiel, doch irgendwie führt es schon zur Wahrheit. Versetze dich mal zurück in die Steinzeit. Falls es dir an Vorstellungskraft mangelt, nehme ich dich mal kurz an die Hand und gehe mit dir an einen phantasievollen Ort. Da siehst du nämlich gerade aus dem Fenster und blickst auf den ersten Schnee in diesem Jahr. Es sieht aus, als wäre es draußen ziemlich kalt. Für dich kein Problem, denn du sitzt ja wohlbehütet, und der Jahreszeit entsprechend gekleidet, im beheizten Büro. Deine Vorfahren hingegen kratzten jeden verfügbaren Grashalm zusammen, um daraus einen einigermaßen warmen Untergrund zu schaffen, auf den sie sich setzen oder legen konnten. Mit viel Glück hatten sie ein paar Felle und eine Höhle, die ihnen Schutz vor den eisigen Temperaturen boten. So ein Winter kann ziemlich lang sein, wenn man tagein tagaus darum kämpfen muss, nicht zu erfrieren. Und was ist mit Nahrung? Sie waren auf die Beeren und Kräuter angewiesen, die sie in der warmen Jahreszeit in ihrer Umgebung fanden. War der Mann in der Familie ein guter Jäger, hatten sie möglicherweise etwas Fleisch aus den Sommermonaten übrig, um den Winter zu überbrücken. Doch im Großen und Ganzen war das Überleben ein echtes Glücksspiel. Sie waren verdammt nah dran an der Natur. Leben und Tod lagen dicht zusammen. Sie mussten nicht nur sich selbst warmhalten, sondern sich hauptsächlich darum sorgen, auch Ihre Babys durchzubringen. Wenn du selbst Kinder hast, wirst du dich an die Zeit auf der Wochenstation erinnern. Schon der kleinste

Luftzug machte dich nervös. Ist das Kleine warm genug angezogen? Sollen wir ihm noch eine Decke auflegen? Und das ganze Tamtam bei Raumtemperaturen um die 23°C. Ein Witz gegenüber den Problemen deiner Vorfahren. Oder weißt du noch, wie man draußen in der Natur überlebt? Bei -10° C, ohne Kleidung und Nahrung. Und wenn ich noch draufsetze-ohne die gewöhnlichen Hilfsmittel, fällt Deine Antwort wohl trotzdem noch vollkommen anders aus als die, an die ich gerade denke. Denn, was wären denn überhaupt adäquate Hilfsmittel? Gewehr oder Pfeil und Bogen für die Jagd? Oder nur die Skills für ein Töten der Beute mit den bloßen Händen? Feuer, um das Tier zu braten, oder ausreichend gesunde Zähne, um das Fleisch roh verzehren zu können? Kleidung oder lediglich ein paar Fellfetzen, die zumindest ein paar Körperteile vor der Kälte schützen? Eine Höhle? Oder steht möglicherweise nur ein Unterstand aus zusammengestellten Ästen und Blättern zur Verfügung? Du siehst, es gibt viele Dinge, die du als vollkommen normal betrachtest und worüber du dir noch nie Gedanken machen musstest. Und dabei müsst ihr nicht wirklich weit in eure Vergangenheit zurückreisen. Noch dein Vater, aber sicherlich dein Großvater wusste, was Hunger bedeutet. Er hätte sich über einen geschenkten Apfel gefreut. In seinem Elternhaus gab es kein heißes Wasser und seine gesamte Bekleidung passte in einen kleinen Koffer. Er hatte damals nur zwei Unterhosen. Eine für werktags, die andere für das Wochenende. Er hatte nur ein paar Schuhe, die er an kälteren Tagen trug. Im Sommer liefen sie meist barfuß durch die Gegend. Das Leben deines Ur-Opas war noch um ein Vielfaches einfacher.

Na, reicht Dir das soweit?

Hast du einen kleinen Grund gefunden, worüber du aus ganzem Herzen dankbar sein oder gar Wertschätzung empfinden könntest? Das waren vielleicht ein paar sehr plakative Beispiele, doch sie zeigen deutlich, wie weit ihr euch in der heutigen Zeit vom puren Leben entfernt habt. Es ist deshalb von entscheidender Bedeutung, dass ihr euch eures wahren, ursprünglichen Selbst bewusstwerdet. Wenn ihr nicht lernt, das Leben als solches wertzuschätzen, verliert ihr es und damit alles, was euch als menschliches Wesen ausmacht. Deshalb ist Wertschätzung etwas, das aus tiefster Seele kommt oder zumindest kommen sollte, denn es erinnert euch an das, was eure Vorfahren auf sich genommen haben, um ihre Kinder – dich/euch - durchzubringen. Ohne sie, wärst du nicht da. Deshalb bleibe ab und zu mal stehen und fühle Deinen Ursprung. Fühle das Wunder deines Seins. Bevor ihr erfahrt wozu ihr hier seid, müsst ihr aber zunächst einmal lernen, wie euer Avatar funktioniert.

DER KÖRPER

Euch sind die Begriffe Ego, Geist und Seele natürlich bekannt. Es existiert unendlich viel Literatur zu diesem Thema, doch jetzt geht es nicht um ein intellektuelles Verstehen, sondern eher um ein aktives Wahrnehmen. Nimm wahr, dass die folgenden Worte in deinem Inneren auf Resonanz stoßen. Fühle, anstatt zu denken. Ihr seid alle mit dem gleichen Wissen ausgestattet. Keiner ist besser oder schlechter als der andere. Besser oder schlechter sind Begriffe, die das Ego definiert, nicht euer wahres Selbst.

In eurer aktiven Zeit als Schöpfer des Universums habt ihr euch viele Gedanken darübergemacht, welche Grundausstattung ein Avatar benötigt, um auf dem Spielfeld der Erde bestehen zu können. Das erste, was euch damals eingefallen ist, war der Körper als solches. Er sollte nicht nur mit seinen wundervollen Sinnen, sämtliche physische Empfindungen wahrnehmen können, sondern er sollte auch langlebig sein, stark und gesund. Deshalb habt ihr ihn mit einem wundervollen Reparatursystem ausgestattet. Werdet euch klar darüber, was für ein einzigartiges System, das ist. Ihr schneidet euch ins Fleisch und was passiert? Die weißen Blutkörperchen eilen herbei und schließen die Wunde. Hat sich bei dem Schnitt eine Infektion gebildet, erhöht er selbstständig die Temperatur, um so die Bakterien oder Viren abzutöten. Habt ihr euch beim Graben nach essbaren Knollen die Fingernägel abgebrochen, wachsen diese einfach nach. Das Herz schlägt unermüdlich, Sekunde für Sekunde, ohne, dass ihr selbst etwas dafür tun müsst. Die Körpertemperatur wird automatisch geregelt, der Verdauungstrakt verwertet Nahrung, die euch dann die nötige Energie liefert und scheidet sie danach wieder aus. All das macht die universelle Intelligenz vollkommen selbstständig. Hat sie dafür nicht wenigstens eine kleine Wertschätzung verdient? Mache dir einfach nur bewusst und erkenne an, dass du das in deiner jetzigen Entwicklungsstufe niemals in Gänze verstehen kannst. Aber sei dir sicher, dass du keine fremdbestimmte Marionette bist. Du hast dich in voller Absicht auf dieses Spiel eingelassen. Das Avatar-Abenteuer auf der Erde ist nicht anders zu bewerten, als ein Besuch im Disneyland. Verstehst du das in seiner ganzen Wahrheit?

„Der menschliche Avatar wird, wenn er Glück hat, vielleicht 100 Jahre alt. Für uns ist das gerade mal so lange wie die Fahrt in einer Achterbahn".

Leider hat die Software, die den Avatar steuert, ein Eigenleben entwickelt, was sich negativ auf das Avatar-Projekt auswirkt. Denn sie hält euch davon ab, euch zum Avatar-Primus zu entwickeln. Wenn ihr es nicht schafft, die Arbeitsweise dieses Programms zu durchschauen und entsprechende Veränderungen vornehmt, wächst euch bald wieder ein Fell und ihr klettert auf Bäume, sofern ihr noch ein paar übriggelassen oder euch nicht vorzeitig gegenseitig umgebracht habt.

DIE FUNKTIONSWEISE DES EGO

Was ist das Ego? Mittlerweile ein oft gehörter, vielfach benutzter, und meist komplett falsch verstandener Begriff. Man könnte darauf auch humorvoll antworten: „Das Ego ist Fluch und Segen in einem". Oder was du auch hin und wieder vielleicht schon gehört hast: „Der Kerl ist ein EGO auf zwei Beinen". Einige bezeichnen das Ego auch als „ICH", was dann im Umkehrschluss bedeutet: „Ich bin mein Ego!" Manchmal hört man auch: „Der und sein Ego", was wiederum impliziert, dass es sich dabei um zwei Personen in einer handelt, wie Dr. Jekyll & Mr. Hyde, wobei dieser Vergleich der Wahrheit ziemlich nah kommt. Oder man sagt auch „der Egoist". Das wiederum klingt schon fast nach einer Krankheit. Auffallend ist, dass das Ego fast immer im Zusammenhang mit einem männlichen Avatar zur Sprache kommt. Das ist darin begründet, dass das Ego im Mann in der Tat stärker ausgeprägt ist, als beim weiblichen Avatar. Das hat unter anderem damit zu tun, dass der Mann seit Urzeiten die Frau und die Kinder mit seiner Körperkraft beschützt hat und durch das stärkere, impulsivere Ego mehr Adrenalin ausgeschüttet wird, was wiederum die Muskeln stärkt und bei einem Kampf die Schmerzen minimiert. Auf die Frage nach dem Ego habt ihr also die unterschiedlichsten Antworten parat, weshalb ich zu diesem Schluss komme: „Ganz genau weiß der Mensch offenbar nicht, was es mit dem Ego auf sich hat". Die Antwort hängt immer davon ab, wen du gerade fragst.

Aus der universellen Perspektive beschreiben wir das Ego wie folgt:

Es ist eine Art Computerprogramm, das die Grundfunktionen des Avatars steuert. Es ist mit dem Körper untrennbar verschmolzen. Der Körper und das Ego sind eins. Du hörst es oft reden. Es ist meist die lauteste Stimme in deinem Kopf, auch wenn es oftmals nur flüstert. Zumindest aber ist es die Stimme, der du am meisten Aufmerksamkeit schenkst. Du bist dir aber trotzdem nie sicher ob das, was sie dir sagt, auch tatsächlich stimmt. Das Ego ist dafür da, das Überleben deines Avatars zu sichern. Stirbt dein Avatar, stirbt auch das Ego. Es ist ein sehr komplexes, autonomes Programm, das lernfähig ist und körperliche Vorgänge wie Gefühle, Emotionen und Sinneseindrücke steuert und speichert. Es beeinflusst und generiert auch unbewusste, gewohnheitsmäßige Gedanken- und Verhaltensmuster. Das Ego ist sozusagen der Leibwächter des Avatars. Es ist aufmerksam wie ein schlafender Wachhund, der bei der geringsten Störung zu kläffen beginnt. Das Ego registriert alles was du erlebst und vor allem, was du erfährst und durch diese Erfahrung letztlich auch fühlst. Wenn es merkt, dass du durch irgendetwas oder irgendwen verletzt wurdest, sei es körperlich oder seelisch, fährt es sofort die Verteidigungsmechanismen hoch und justiert seine Detektoren. Nichts entgeht ihm. Es entwickelt ständig neue Vermeidungs- oder Angriffsstrategien, die dich vor weiteren

Verletzungen beschützen sollen, obwohl du bewusst vielleicht gar keine Bedrohung wahrgenommen hast. Eine derartige Strategie kann zum Beispiel so aussehen, dass du eine Abneigung gegen gewisse Menschen, Situationen oder Tätigkeiten entwickelst, bei denen du dich zuvor einmal schlecht gefühlt hast. Wird dir das nicht bewusst, formst du Ausreden, wie „den konnte ich sowieso nie leiden" oder „diesen Job wollte ich ohnehin nicht". So will dich das Ego vor weiteren negativen Erfahrungen schützen. Aber nicht nur negative Dinge versetzen das Ego in Alarmbereitschaft, sondern auch Ereignisse, die ihm Komplimente einbringen, damit es sich größer und besser fühlen kann. Das Ego ist sozusagen das Messgerät deines Befindens. Ich sage absichtlich nicht „Wohlbefindens", denn das perfide an ihm ist, dass es Gemeinheiten und Qual genauso braucht, um sich lebendig zu fühlen, wie Lob und Anerkennung. Es gibt Menschen, deren Augen zu leuchten beginnen, sobald sie von ihren Problemen berichten. Das hast du bestimmt auch schon erlebt. Manche Menschen geben sich ihren Problemen vollkommen hin, jahrelang, ohne irgendetwas an der Situation zu verändern, die sie doch angeblich so sehr hassen. Auch das ist das Ego. Das Ego hält dich in dem Zustand, der die größtmögliche Sicherheit für das Überleben des Avatars bietet, zumindest aus seiner Sicht. Ob du arm bist oder reich, spielt dabei keine Rolle. Wenn es glaubt, du bist nur dann sicher, wenn du unglücklich bist, kreiert es dein Leben dementsprechend. Du erlebst dann meist nur traurige Dinge, die dir über deine Glaubenssätze die Bestätigung geben, dass du es wohl nicht anders verdient hast. Aber das ist noch lange nicht alles. Das Ego ist so schlau, dass du sein Spiel nicht durchschaust. Du gehst ihm wieder und wieder auf den Leim. Es kreiert Glaubenssätze, die maßgeblich dafür da sind, dass du in der Form über dich denkst, wie du das eben tust. Das Ego gibt vor, du zu sein und wenn du sagst, das bin ICH, meinst du eigentlich dein Ego. Das ist die erste Erkenntnis, die dich weiterbringt:

„Du bist eine unsterbliche Seele, die den Avatar benutzt! Du bist nicht der Avatar! Das Ego ist das Betriebssystem des Avatars und gaukelt dir vor, du zu sein!"

Glaubenssätze fangen meist mit „ich bin..." an. Sei also wachsam. Sobald du dich sagen hörst „ich bin ...dies oder das..." weißt du, dass vermutlich dein Ego gerade aktiv ist. Glaubenssätze sind der Maßstab deines Seins, ob dir das passt oder nicht. Nur so viel sei an dieser Stelle dazu gesagt: Solange du gemäß deinen Glaubenssätzen lebst, bist du für das Ego berechenbar und leicht im Griff zu halten. Später vertiefen wir das Thema Glaubenssätze, damit du ihre Wirkungsweise in ganzen Umfang verstehst. Das Ego ist sich seines Selbst auch nicht bewusst. Es kennt kein ICH. Es ist weder gut noch böse. Es verrichtet nur seinen Job. Verurteile es deshalb nicht. Nehme nur wahr, dass es da ist. Wichtig ist, dass du dir erst einmal klarmachst, dass du ein Ego hast, es aber nicht bist. Du bist eindeutig mehr, als nur dein Ego. Du bist ein vielschichtigeres

Wesen, als du dir im Moment vielleicht noch vorstellen kannst.

„Du bist nicht dein Ego! Du hast nur eins!"

Viele Menschen können nicht nachvollziehen, dass sie mehr sein könnten, als dieser Körper, den sie jeden Tag im Spiegel sehen, füttern, waschen und anziehen. Für sie ist Körper/Ego, Seele und Geist ein und dasselbe. „Das bin eben ICH. Ich bin wer ich bin". Damit es dir leichter fällt deinen Körper, und alles, was dazu gehört, besser fühlen zu können bitte ich dich, eine kleine Übung zu machen, wenn du das nächste Mal unter der Dusche stehst. Es ist kein wissenschaftlicher Test, sondern eher eine nette Überraschung. Du stellst dich mit dem Rücken zur Dusche und richtest den Wasserstrahl auf deinen Hinterkopf. Stehe dabei entspannt, schließ die Augen und fühle, wie das Wasser über deinen Kopf und über deinen Rücken läuft. Dann hältst du dir gleichzeitig beide Ohren zu, während das Wasser weiterläuft. Du nimmst dabei deine Umwelt nicht mehr über den äußeren Gehörgang wahr, sondern über deinen ganzen Körper und vor allem über deine Schädelknochen. Öffnest du währenddessen deine Augen, hast du das Gefühl, als würdest du durch die Augen des Avatars hinaussehen, so wie ein Blick durch ein Fenster.

Auch wenn das natürlich nur eine spaßige Übung ist, steckt doch ein tieferer Sinn dahinter. Wenn es dir gelingt, wie auch immer, hin und wieder innezuhalten um festzustellen, dass du NICHT dein Ego bist, dann frage dich:

„Wer bin ich dann?"

Allein diese Frage drückt aus, dass da mehr sein könnte, als du normalerweise wahrnimmst. Diese Wahrnehmung reicht oft aus, um den Initialisierungsprozess anzustoßen. Denke in den nächsten Tagen einfach mal öfter an deine vielschichtige Persönlichkeit. Erwische dich beim Denken! Du wirst überrascht sein, wie oft du denkst und wie viele Gedanken davon reine Zeitverschwendung sind. Frage dich:

„Wer denkt denn da gerade?"

Du wirst schnell feststellen, dass der Denker nicht der ist, der das Denken bemerkt. Du bist der Zuhörer. Mit dieser Technik entwickelst du eine gesunde Selbstwahrnehmung. Mache daraus aber keinen Wettkampf. Es kommt nicht darauf an, wie oft dir das gelingt und es ist unwichtig mitzuzählen, ja sogar notwendig, dass du das nicht tust. Denn sonst spuckt das Ego sofort wieder in die Hände und packt mit an, um dich zu kontrollieren. Das wäre kontraproduktiv. Sieh es als Spiel an und freue dich darüber, dass es dir immer leichter fällt, dein Ego nicht so ernst zu nehmen. Dir darüber bewusst zu werden, dass die Instanzen Ego, Geist und Seele in dir beherbergt sind, ist die Grundlage für die nächsten Schritte. Dazu konzentriere dich darauf, wie das Zusammenspiel unter ihnen im Detail funktioniert und welchen Einfluss du darauf hast, DU, die unsterbliche Seele. Diese Vorgänge sind recht komplex, und es bedarf etwas Übung, um deren Wirkweise zu erkennen. Die Reaktionen des

Egos erkennst du meist daran, dass sie sehr drastisch und überzogen sind. Das Ego ist ein hervorragender Schauspieler, ein Chamäleon. Es führt ständig ein neues Theaterstück auf, um deine volle Aufmerksamkeit zu erhalten. Es will erreichen, dass du dich mit ihm identifizierst. Es will, dass du ihm vertraust, zu 100%. Deshalb sind die Rollen, die es für dich kreiert, sehr oft auch gute Rollen, mit denen du dich gern in Verbindung bringst. Es gibt dir immer mal wieder ein „Rotes- Teppich-Feeling", lässt dich zum Star werden, damit du mehr davon haben willst. Tatsächlich ist es aber immer eine vom Ego erschaffene Rolle, die dafür sorgt, dass es selbst am Leben bleibt. In dem du dich bereit erklärst all diese Rollen zu spielen, bestärkst du das Ego darin, dir immer wieder neue Szenarien und Lebensumstände zu erschaffen, die du dann als DEINE eigenen betrachtest. So lange es gute, attraktive Rollen sind, hast du auch Spaß daran und gibst stolz vor, deren Urheber zu sein. Geht aber etwas schief, war meist ein anderer dafür verantwortlich, also ein anderer war schuld daran. Sobald das Ego im Leben eines Menschen seinen Job antritt, meist beginnt das in dem Alter, in dem der Avatar anfängt zu sprechen, übernimmt es die komplette Führung über seinen Wirt.

Wenn es das Steuer im Leben (s)eines Menschen in die Hand genommen hat, in unserem konkreten Fall in „DEINEM" Leben, bekommst du das meist gar nicht mit. Diese Übernahme läuft in der Regel vollkommen unbewusst und dadurch auch unerkannt ab. Als die Übernahme bei dir stattfand, warst du noch viel zu klein um das zu bemerken. Das Leben hatte für dich gerade begonnen, alles war neu. Und deine Eltern haben sich nur um dich gedreht. Auch für sie war das eine unbekannte, verantwortungsvolle Aufgabe. Sie hatten Angst, dir nicht gerecht zu werden. Vielleicht erinnerst du dich noch ganz leise daran, dass da irgendwann in deinem Leben plötzlich etwas anders war als zuvor. Was vorher leicht und mühelos ging, wurde ab diesem Moment schwer und mühsam. Bei vielen von euch macht sich dies wie eine spontane Persönlichkeitsspaltung bemerkbar. Vielleicht hast du selbst Kinder, oder es gibt welche in deinem näheren Umfeld, an denen du das im Nachhinein sehen kannst. Den Zeitpunkt kann man nicht genau bestimmen, doch die Auswirkung ist vehement. Als Beispiel erzählen wir dir die Geschichte eines Menschen, der den Zeitpunkt der Ego- Übernahme bei seinem Sohn ziemlich genau bestimmen konnte. Kurz nachdem der Junge zu sprechen begann, nahm ihn sein Vater an einem Winterabend auf den Arm, wickelte ihn in fest in eine warme Decke und ging mit ihm hinaus in den Garten. Es war klirrend kalt und der Himmel glasklar. Das Weltall lag in seiner ganzen Pracht vor den beiden. Der Vater zeigte mit dem Finger auf den Nachthimmel und sagte zu seinem Sohn: „Sieh nur, wie schön das funkelt". Doch der Sohn zeigte sich völlig unbeeindruckt. Er schaute seinen Vater mit hochgezogenen Augenbrauen an und antwortete in einer äußerst abgeklärten Art und Weise, die der Vater nicht von ihm erwartet hatte. Deshalb hat sich dieses Ereignis auch tief in seiner Erinnerung eingegraben. In einem fast gelangweilten Ton sagte der Kleine:

„Ach Papa, das kenne ich doch schon. Da war ich doch erst. Kurz bevor ich hierhergekommen bin".

Zuerst traute der Vater seinen Ohren nicht: „Was, wie kommst du darauf?" wollte er wissen. Der Sohn antwortete in einem Ton, als würde er seinen Vater für dessen Unwissenheit bedauern: „Oh, Papa, weißt du das denn nicht? Da leben wir immer dann, wenn wir gerade mal nicht hier sind". Das war für den Vater ein unglaubliches Erlebnis und rückblickend weiß er heute, dass es seine Chance war, seinen eigenen Standpunkt im Leben immer und immer wieder neu zu betrachten. Die Weisheit der kindlichen Seele seines Sohnes wurde zu seinem Leuchtfeuer. Doch diese frühkindliche Weisheit und Offenheit verschwanden kurz darauf im kindlichen Avatar. Seine göttliche Transparenz ging immer mehr verloren, wie bei jedem kleinen Menschen, dessen Körper vom Ego übernommen, ja regelrecht besetzt wird. Danach ging der Kampf dann richtig los. Die allumfassende Liebe die man als Vater und Mutter für sein Kind hat, wird hart auf die Probe gestellt. Aus Kindern werden kleine Monster. „Haben wollen, brauche ich!" „Ich will das abeeeeeer!!!". Ich erinnere euch an eure eigenen Dramen an der Supermarktkasse: „Mama, krieg ich einen Lutscher?" Natürlich kannst du nicht jeder Kaufabsicht deines Kindes nachgeben, zumal du als guter Elternteil um den Zustand seiner Zähne bangst. Also sagst du: „Nein, mein Schatz, jetzt nicht". „Aber ich will den unbedingt!" Du antwortest noch drei bis viermal ruhig und gelassen mit „nein, mein Engel, jetzt nicht". Dann fangen die anderen Kunden an, aufmerksam dabei zuzusehen, wie sich dein geliebtes Kind langsam aber sicher zum Anti-Christ entwickelt. Zuerst hörst du sie tuscheln: „Was für ein ungezogenes Kind". Nach dem zwanzigsten „ICH WiiiiiiiiLLLLLLLL AAAABEEER!" und deinem stoischen: „Jetzt nicht", liegen deine Nerven blank, der Schweiß läuft dir über die Stirn, du versuchst krampfhaft ruhig zu bleiben. Zwischendurch hebst du noch ein paar Mal Dinge vom Fußboden auf, die dein kleiner Prinz oder deine kleine Prinzessin wütend vom Band geworfen hat, bis dir dann letztlich der Kragen platzt und du losbrüllst: „Hör jetzt endlich auf zu nerven!!! Sonst wartest du beim nächsten Mal allein im Auto! Hast du mich verstanden?" So ein Aufschrei erleichtert dich natürlich nicht wirklich. Denn hinter dir hörst du nun die anderen Kunden sagen: „Manche Leute sollten einfach keine Kinder kriegen". Du schaust dich um und blickst ihnen direkt in die Augen. Sie fühlen deine Rage und senken den Kopf, und deine Hand ballt sich zur Faust. Am liebsten würdest du ihnen einen körperlichen Verweis erteilen, doch deine gute Erziehung lässt so ein Benehmen natürlich nicht zu. Wütend und total entnervt schnappst du dein kleines Monster und den Einkaufswagen und verschwindest. Wer Kinder hat kann das vielleicht nachvollziehen. Es ist nicht immer einfach. Deshalb sollten heute alle Erwachsenen, die über all die Jahre nicht müde geworden sind, sich noch immer über ihre Eltern zu beschweren, endlich die Klappe halten. Seid froh, dass ihr eure Kindheit überlebt habt. Wertschätzt die Leistung eurer Eltern und, dass sie euch so sehr geliebt haben. Denn hätten sie das nicht getan, wärt ihr heute nicht mehr am Leben. Eine Frau berichtete ihre Story, als sie bei Ihrem jüngsten Sohn zum ersten Mal mit dessen Ego in Berührung kam. Er war immer ein süßer kleiner Fratz mit blondem Haar und leuchtend blauen Augen, ein menschliches Wesen in Engelsgewand sozusagen. Immer dann, wenn die beiden beim Spazierengehen an der benachbarten Eisdiele vorbeikamen fragte sie ihn, ob er denn nicht einmal ein Eis probieren wolle. Er schüttelte aber jedes Mal angewidert den Kopf. Also zog sie nach seinem hundertsten Kopfschütteln den Rückschluss, dass Eis wohl nichts für ihn ist. Sie akzeptierte es dann irgendwann und bestellte einfach nur für sich ein Eis, ohne ihn erneut zu fragen. Als sie dann lustvoll an ihrem Waldmeistereis leckte, während sie wortlos mit dem Kleinen an der Hand weiterging, fiel bei ihm der Schleier. Er brüllte lauthals los: „Nieeee krieg ich ein Eis. Warum hast du mir keins gekauft?" Da half kein nettes, „aber mein kleiner Schatz, du wolltest doch noch nie eins. Soll ich dir jetzt eins kaufen?" Der Kleine ließ sich nicht beruhigen: „Neeeiiiiin, jetzt will auch keins mehr". Sein Ego übernahm seit diesem Ereignis die Führung. Aus einem kleinen, süßen Fratz wurde ein nörgelnder, meist unzufriedener Zeitgenosse. Man sieht an den Beispielen gut, dass das Erwachen des Egos früher oder später jeden trifft. Bisher ist uns kein wirklich erleuchteter Mensch begegnet, der frei von ihm ist. Aber es gibt viele, die den richtigen Umgang mit ihrem Leibwächter gelernt haben. Ihr müsst einfach begreifen, dass es das Ego gibt und, dass es ein Teil von euch ist. Es gibt natürlich niemand gerne zu, dass er nicht Herr seiner Sinne und seines Lebens ist, dass es da einen Mitbewohner in ihm gibt, der ihn lenkt. Das erinnert an den Film Alien. Ein außerirdisches Monster gedeiht im Bauch eines Menschen, bis es sich irgendwann durch dessen Körper frisst und ausbricht. Ein echter Horror-Gedanke. Aber ja, so ähnlich ist das. Nur ist das Ego kein Wesen das einen eigenen, grobstofflichen Körper entwickelt, und irgendwann eigenständig, ohne deinen Avatar, leben könnte. Die Fusion mit ihm ist alles was es hat und diese Verbindung bleibt, so lange der Körper lebt, bestehen. Das Ego ist nichts Physisches oder Greifbares, sondern in der Tat nur eine Art Computer-Programm. Darin liegt aber auch eine gute Nachricht. Da es „nur" ein Programm ist, kann es auch physisch keinen echten Schaden in dir verursachen. Es ist natürlich direkt an deine Gehirnfunktionen angeschlossen und kann dir alles vorgaukeln was es will. Aber passieren kann dir nicht wirklich etwas. Denke doch mal ein Computerspiel. Du tauchst so sehr darin ein, dass du schon fast das Gefühl hast, tatsächlich verletzt werden zu können. Doch das ist alles nur eine Illusion. Man spricht bei Computerspielen ja auch von Virtual Reality, also einer eingebildeten Realität. Eine Realität, die nicht wirklich existiert. Und doch gehst du ihr auf den Leim. Du fühlst mit und glaubst, ein Teil davon zu sein. Dein Blutdruck steigt, dein Puls rast. Du erlebst, was ein anderer für dich programmiert hat. Genauso funktioniert das mit dem Ego. Du fragst dich, wie du es abstellen kannst? Vergiss es! Jeder Versuch das Ego abzuschalten, ist zwecklos. Der einzige Ausweg ist die Akzeptanz, dass es existiert. Schließe Frieden mit ihm. In dem Moment, in dem du aufhörst dagegen anzukämpfen, kannst du erkennen, dass andere Faktoren in dir wieder mehr und mehr zum Leben erweckt werden. Wirst du dir bewusst darüber, dass du NICHT Dein Ego bist, sondern nur eins in dir wohnt, gewinnst du Abstand zu ihm und nimmst einen übergeordneten Standpunkt ein. Du kommst dann deiner Seele wieder etwas näher und gibst ihr, und somit DIR, eine neue Perspektive. Du spürst, dass da noch mehr möglich ist, als ein stumpfes Abarbeiten deiner täglichen Aufgaben. Du wirst dich jetzt vielleicht fragen: „Wie kann ich unterscheiden, welcher meiner Gedanken von meinem Ego und welcher von meiner Seele kommt?" Sei aufmerksam und wachsam. Sobald ein Gedanke in dir aufsteigt prüfe, welche Gefühle er in dir auslöst und reagiere dann nicht unmittelbar mit einer Aktion, einer Handlung. Ego implizierte Gefühle äußern sich oftmals dadurch:

Grundlose Trauer

Wut

Rachegefühle

Hass

Neid

Minderwertigkeitsgefühle

Erniedrigende Gefühle

Beleidigt sein

Eitelkeit

Übertriebene Freude

Atme durch und höre, was dir dein Verstand sagt. Bringe einen zeitlichen Abstand zwischen dem Aufsteigen des Gedankens und der Reaktionsbereitschaft in dir. Warte ab. Erhältst du dann Antworten wie diese: „Ich kann das nicht. Ich traue mich das nicht. Ich bin zu dumm dazu. Alle anderen sind besser als ich. Ich bin nicht gut genug", kannst du davon ausgehen, dass dein Ego wieder für dich eingesprungen ist, um dich vor vermeintlichen Gefahren und Niederlagen zu beschützen. Aber Vorsicht, auch Gedanken wie „das ist eine meiner leichtesten Aufgaben. Das mache ich mit links", sind Anzeichen für ein Mitwirken des Egos. Was einzig und allein hilft ist eine ehrliche Bestandsaufnahme, ein Festmachen von Fakten: „Habe ich die fachlichen Qualifikationen für diese Aufgabe? Ist mein Englisch für den Job in den USA gut genug?" Erkenne den Unterschied zwischen Fakt und Interpretation. Das Ego spielt immer mit Gefühlen, Verletzungen, subjektiven Empfindungen und erzählt Geschichten. Der Geist sucht nach objektiven, verstandesgemäßen Antworten. Es ist ja wirklich nicht notwendig zu betonen, dass man für gewisse

Jobs auch die richtigen Skills aufweisen muss. Nicht jeder kann mit einer Rakete zum Mond fliegen, nur, weil er „Von der Erde zum Mond", von Jules Verne, gelesen hat. Dazu gehören ein unglaubliches Fachwissen und eine entsprechende körperliche Konstitution. Würde ein übergewichtiger, schlecht gebildeter Mensch, der vielleicht nicht einmal seine Muttersprache vollkommen beherrscht auf die Idee kommen, sich für ein Raumfahrtprogramm anzumelden, liegt die Antwort auf der Hand, woher dieser Gedanke wohl stammt. Ein übertriebenes Selbstwertgefühl ist immer reine Ego-Sache. Es lebt von Superlativen und kennt deshalb nur „super gut" und „miserabel". Deshalb hör gut hin, wenn du seine Stimme vernimmst. Willst du in deinem erlernten Beruf die Karriereleiter emporsteigen, hast du jederzeit die Möglichkeit das zu schaffen. Du könntest dich eventuell noch weiterbilden, falls das notwendig wäre, doch ansonsten würde dir nichts im Weg stehen. Du kannst dich bestärken, wenn du dir sagst, „die anderen kochen auch nur mit Wasser". Siehst du den Unterschied? Gedanken sind sehr machtvoll. Überlege dir deshalb ab sofort gut, wenn Gedanken, die dich und deinen Wert betreffen in dir aufsteigen, wie du darauf reagierst. Du erkennst dann auch, dass sich das Ego in unterschiedlichen Gewändern zeigt. Mal will es einen Star aus dir machen, mal ein niedergeschlagenes, zitterndes Etwas. Warum es das tut? Weil es die Herrschaft, die Kontrolle über dich erhalten muss. Nur wenn es die volle Kontrolle über dich hat, fühlt es sich sicher. Du hast ihm vor deiner Zeit im Avatar den Auftrag gegeben, dein Überleben zu sichern. Wünsche deiner

Seele bedeuten für das Ego große Gefahr. Es hat Angst, dass ihm alles aus der Hand gleitet. Für das Ego wäre das furchtbar. Es hätte aus seiner Sicht versagt und das muss es verhindern. In der Natur des Egos gibt es nur einen Leitsatz und der heißt: „Friss oder stirb". Aus seiner Sicht dient alles nur der Arterhaltung. Bei euch Menschen kommt nun allerdings erschwerend dazu, dass ihr ein Bewusstsein habt. Ihr seid auf eine Art und Weise erschaffen, die es euch ermöglicht, frei zu denken. Deshalb kommt es regelmäßig zu einem Konflikt zwischen Ego und Geist. Je öfter du dich als Beobachter deiner inneren Prozesse wahrnimmst, desto schneller wirst du eine Verbindung zu deiner Seele, deiner wahren Herkunft aufbauen, und dich aus der Umklammerung des Egos befreien.

DIE AUFGABEN DES VERSTANDS

Der Verstand ist die logische Instanz hinter dem Ego. Mit ihm relativierst du die emotionsgeladenen Gedankenmuster des Egos, allerdings nur dann, wenn du dir deiner internen Prozesse bewusst bist. Das heißt, wenn du wahrnimmst, dass du, dein wahres Selbst, nicht der Auslöser dieser Gedanken ist. Bei vollkommen unbewussten Menschen, also bei den meisten, ist der Verstand derart vom Ego eingelullt, dass er kaum noch irgendeine Form von Kritik zeigt. Er nimmt die vom Ego eingegeben

Impulse als die einzige Wahrheit an, ohne selbst aktiv zu werden.

Wenn dein Ego eine Bedrohung wahrnimmt, die dem Avatar schaden könnte, reagiert es spontan mit gewohnheitsmäßigen Handlungen. Dieses spontane Handeln ist weder durchdacht noch zwingend erfolgreich. Es ist einfach nur eine gewohnheitsmäßige Reaktion.

Die Groteske wird noch deutlicher, wenn du dir folgende Situation vorstellst. Einmal mit dem Einsatz von klarem Verstand, einmal ohne.

1. Ohne Verstand:

Dein Avatar geht mit dir auf einem Bürgersteig. Plötzlich kommt ihm ein Hund entgegen. Das Ego gleicht die Situation mit einer gespeicherten Information ab. Diese sagt: Hund! Beißt! Gefahr! ANGST!!! Daraus entsteht ein Vermeidungsimpuls, der deinen Avatar dazu bringt auf die Straße zu springen, um dem Hund auszuweichen. Leider kommt in diesem Moment gerade ein LKW und du wachst, bei glücklichem Ausgang des Vorfalls, im Krankenhaus wieder auf.

2. Mit Verstand (wachem Bewusstsein)

Das Ego nimmt den Hund wahr und signalisiert die oben genannten Impulse. Dein Verstand erkennt die Panik des Egos und relativiert dessen

91

Sinneseindrücke. Er stellt fest, dass der Hund klein und angeleint ist und deshalb wohl wenig Gefahr von ihm ausgeht. Der Verstand bietet dem Ego einen Verbesserungsvorschlag an. Liebes Ego, danke für deine Fürsorge. Suche doch bitte mal in deinem Archiv für Lösungen mit angemessener Reaktion. Tatsächlich erinnert sich das Ego an positive Begegnungen mit Hunden. Es nimmt den Rat des Verstandes zur Kenntnis und veranlasst den Avatar, seinen Schritt zu verlangsamen, zunächst Augenkontakt mit dem Herrchen des Hundes, und dann mit dem Hund selbst herzustellen. Es wird eine positive Stimmung aufgebaut und mit einem Lächeln nach außen gebracht.

Der Avatar streckt behutsam die Hand nach dem Hund aus. Der Hund wackelt mit dem Schwanz, schnüffelt an der Hand, leckt einmal darüber und sein Herrchen zieht ihn an der Leine weiter. Die Gefahr ist gebannt. Vielleicht ein sehr simples Beispiel, doch es sollte das Zusammenspiel von Ego und Verstand überspitzt darstellen. Bevor also eine Ego- implizierte Reaktionsbereitschaft in einer Handlung mündet, hat dein Verstand Zeit für eine Revision. Wichtig ist, dass du nicht immer nur vollkommen gedankenlos auf dein Ego hörst. Der Verstand ist natürlich noch viel mehr als nur ein Revisor. Er ist die Schnittstelle zur Seele, zu DIR. Doch der Verstand kommt nicht direkt mit der Seele in Verbindung, denn dazwischen ist noch eine weitere Instanz - der Geist. Fälschlicherweise setzt ihr meist den Verstand mit dem Geist gleich. Doch in Wirklichkeit sind das tatsächlich zwei, voneinander unabhängige Einrichtungen. Da das Ego bei den meisten Menschen sehr übermächtig ist, steuert der Verstand nur wenig zur Verbindung mit der Seele bei. Er hat sich auf das Ego-Spiel eingelassen und ist deshalb eher ein Diener als eine autonome Einheit.

Auch hier ein Beispiel:

Was ihr als einen „intelligenten" Wissenschaftler bezeichnet, ist in Wirklichkeit möglicherweise ein Ego-Zombie, der sein Wissen nur dafür einsetzt, seine Geldgier zu befriedigen. Euer Ego hat großen Respekt vor Intelligenz, weil es sich selbst als klein, unwichtig und dumm ansieht. Also ist jeder der in der Lage ist, seine Gedanken in einer angenehmen, verständlichen Weise auszudrücken, für das Ego ein „geistiger" Überflieger. Neutral betrachtet ist Intelligenz nicht messbar. Sie ist in der Regel eine Ansammlung von Wissen, das der Inhaber mehr oder weniger erfolgreich dafür einsetzt, einen finanziellen Nutzen daraus zu generieren oder dafür Anerkennung von anderen zu erhalten. Der Verstand arbeitet in den meisten Fällen Hand in Hand mit dem Ego.

„Zwischen Ego und Verstand besteht eine gewisse Co-Abhängigkeit".

Wird Intelligenz im Sinne des Egos eingesetzt, kann sie vernichtende Ergebnisse hervorbringen. Denke nur mal an die Atomenergie und an die Pharmaindustrie. Die egogesteuerten Wissenschaftler bauen Bomben und Chemiewaffen, die beseelten suchen friedliche Einsatzzwecke, wie den Bau von Stromerzeugern und Heilmittel. Der Verstand hat nichts mit Intelligenz zu tun. Er ist der Handlanger des Egos. Das Ego will glänzen oder sich elend fühlen. Der Verstand liefert dafür die Ideen zur Realisierung. Erst wenn der Geist mitspielt, kommt euer Sein der göttlichen Absicht näher.

„Der Verstand ist klug, der Geist ist weise".

DIE FUNKTIONSWEISE DES GEISTES

In Euren Religionen sprecht ihr vom heiligen Geist, in anderen Sprachen auch von Spirit. Gemeint ist damit immer das Gleiche, der göttliche Funke. Wenn ihr euren Avatar mit unseren Augen sehen könntet, würdet ihr den Geist sofort erkennen.

Er ist in Eurem Kopf untergebracht. Da er ein rein energetisches Gebilde ist, bleibt er für euch unsichtbar. Sein oberer Teil tritt durch die Hauptfontanelle des Schädels aus und wirkt wie ein Trichter oder auch eine Antenne. Der untere Teil befindet sich im Kopf und beherbergt den

Hypothalamus. Der Hypothalamus ist der wichtigste Teil eures Avatars. Ohne ihn wäre der Körper nicht lebensfähig. Er regelt den Atem, die Herzfrequenz, die Körpertemperatur, die Nahrungs- und Wasseraufnahme, den Schlaf-Wach-Rhythmus, kurzum, er steuert das gesamte vegetative Nervensystem. Er steht immer mit der Schöpfungsinstanz außerhalb eures Universums in Verbindung. Was ihr nicht wisst ist das: Im Hypothalamus findet der Seelentausch statt. Kurz bevor der Avatar stirbt, sammeln sich in ihm sämtliche Seelenanteile, die bislang den Avatar als Vehikel benutzt haben. Wächst ein neuer Mensch im Mutterleib heran, strömen neue Seelenanteile in den oberen Trichter der Fontanelle und gelangen so in den Hypothalamus. Bis der Avatar etwa 36 Monate alt ist findet durch die Fontanelle noch ein reger Austausch mit der Black-Tube statt. Der Mensch ist in dieser Zeit vollständig an seine wahre Heimat angebunden. Solange er an das göttliche Planungszentrum angeschlossen ist, erfolgt die Programmierung seines Gehirns. Das Ego wird installiert, und ebenso die individuellen Seelenaufträge, bis sich die Fontanelle des Kindes dann endgültig verschließt und der Avatar vollkommen in seinem Mensch-Sein aufgeht. Ab diesem Zeitpunkt vergisst er seine göttliche Herkunft und all seine Erinnerungen daran verblassen. Das, was aus konventioneller Sicht Geist genannt wird, ist also die Herberge der Essenz des Lebens. Ohne den Geist wärt ihr nur eine Hülle, eine Maschine. Erst die Kombination von Geist, Verstand, Ego und Körper machen den Avatar zu dem, wozu er erschaffen wurde, einem Gefäß für die Seele. Du bist der Erschaffer dieses Vehikels, das du lediglich dazu benutzt, um das zu erfahren, was du auf Seelenebene geplant hast. Man könnte sich ja lachend auf die Schenkel klopfen, wenn man bedenkt, wie nah ihr der Wahrheit bereits gekommen seid. Leider habt ihr die Zeichen nur mit kindlicher Naivität betrachtet. Wenn ihr den Geist in seiner äußeren Form betrachtet werdet ihr feststellen, dass er einem Gefäß ähnelt, das ihr schon seit Jahrtausenden als Gral bezeichnet, den heiligen Gral genau genommen. Allerdings habt ihr dem Gral zu viele weltliche Aspekte beigemessen und Kriege geführt, um ihn zu besitzen. Ihr seid leider derart in eurem Mangelbewusstsein gefangen, dass ihr alles, was ihr als kostbar bezeichnet, besitzen wollt. Darüber hinaus habt ihr übersehen, dass jeder von euch diesen Gral von Natur aus in sich beherbergt und er das Verbindungsglied zu eurer göttlichen Herkunft ist. Bis ihr alle in der Lage seid, dies im großen Ganzen zu begreifen, bleibt ihr in eurem Avatar gefangen und nehmt alles für bare Münze, was euch das Ego vorgaukelt. Der Verstand erhält immer wieder Impulse des Geistes, was ihr dann wortwörtlich als „Geistesblitze" anseht. Daraus entstehen dann Ideen für Produktentwicklungen, religiöse Dogmen und andere Erfindungen. Doch ohne den wahren Sinn zu verstehen, enden diese meist in Dramen und Desaster.

LEBEN UND TOD

Es gibt keinen Tod. Das ist eine Illusion. Es gibt nur Leben. Viele eurer geistigen Führer haben das erkannt, doch tatsächlich glaubt ihr nicht daran. Die Angst vor dem Tod, also dem Ungewissen, verfolgt euch ein Leben lang. Das kommt daher, dass euer Ego den Tod als etwas Endgültiges betrachtet. Es glaubt, dass mit dem Tod alles vorbei ist. Doch das entspricht nicht der Wahrheit. Ihr seid, du bist, unendliches Leben. Religionen sprechen immer von einem Gott, der außerhalb von euch existiert. Sie wollen euch davon überzeugen, dass ihr Gott „fürchten" müsst um in sein Himmelreich eingelassen zu werden. Das ist, um es in eurer Sprache auszudrücken, heidnischer Unfug. Glaubt ihr in der Tat, dass dies alles nur geschaffen wurde, damit ihr ein meist sinnloses Leben lebt, um danach zu nutzloser Asche zu werden, und ihr bis an euer Lebensende in Angst und Hoffnungslosigkeit leben müsst? Das Universum wurde nur deshalb erschaffen, damit ihr die Freude körperlichen Lebens erfahren könnt. Bitte habt Verständnis dafür, dass wir dies alles sehr energisch formulieren, aber unser gemeinsamer „Plan Eden" droht zu scheitern, wenn ihr die Essenz der Schöpfung nicht erkennt und auch anerkennt. Der Mars wird vielleicht schon bald eure neue Heimat, eure neue Erde werden. Doch das wird für euch der letzte Sprung auf einen anderen Planeten sein. Denn danach kommen die Gasriesen, auf denen niemals Raum für Avatare sein wird.

„Für einen weiteren Sprung, über die Grenzen des Sonnensystems hinaus, wird euer menschliches Wissen nicht ausreichen und dafür existiert auch kein Plan".

Spätestens in 7 Milliarden Jahren wird sich die Sonne derart aufblähen, sodass auf der Erde kein menschliches Leben mehr möglich ist. Das ist dann der planmäßige Zeitpunkt für den planetaren Sprung. Dann werdet ihr wieder unter die Erdoberfläche flüchten und Raumschiffe bauen müssen, die als Arche eingesetzt werden können. Dieses Wissen ist so alt, nur ihr überseht das einfach. Die Art, wie ihr die Höhlengemälde eurer Vorfahren interpretiert, ist immer wieder ein gutes Beispiel für die menschliche Arroganz und gleichzeitig für die euch innewohnende Machtlosigkeit. Sie wollten ihre Erinnerungen verewigen um der Nachwelt zu zeigen, woher sie kamen und wer sie waren. In eurer abergläubischen Weltanschauung jedoch, deutet ihr diese Zeichnungen absolut falsch. Ihr glaubt, dass sie von ungebildeten Urzeitmenschen gemalt wurden, die Außerirdische gesehen und diese dann in diesen Höhlenmalereien verewigt haben. Einige von euch glauben sogar, dass es sich bei den Darstellungen um außerirdische Götter handelt, die bald mit riesigen Raumschiffen zurückkehren, um das vorherrschende Chaos auf der Erde zu beseitigen. Auch diese Geschichten erzeugen wieder nur eins in euch, nämlich Angst. Es wird wirklich höchste Zeit, dass ihr euch von diesen abergläubischen Sichtweisen distanziert, aber auch von dem, was ihr als ernsthafte, wissenschaftliche Arbeit bezeichnet. Denn wir brauchen Avatare, in denen wir Lebensfreude und anregende Sinneswahrnehmungen erfahren können, keine selbstzerstörerischen Szenarien.

Deshalb müsst ihr euer wahres Selbst kennenlernen und verstehen, dass ihr ein wichtiger Teil des Spiels seid. Da ihr den Tod am meisten fürchtet erfahrt ihr jetzt, was er tatsächlich ist, wie das Sterben funktioniert und wie es danach weitergeht.

„Ich bin die Auferstehung und das Leben. Wer an mich glaubt, der wird leben!"

Joh. 11/25

DER STERBEPROZESS

Wie wir schon zuvor erklärten, ist der Hypothalamus der zentrale Ort in eurem Gehirn, in dem die universelle Existenz ins Leben tritt. Er ist sozusagen die Kommunikations- und Steuerzentrale eures Wesens. Hier laufen in der Tat alle Leitungen des Kosmos zusammen. Wenn der Avatar alt und schwach wird, zieht sich die Lebensenergie immer mehr zurück, sie kehrt vom Außen ins Innere. Der Tod kann plötzlich, durch einen Unfall, aber auch durch Krankheit und Siechtum kommen. Der Übergang erfolgt jedoch immer auf die gleiche Weise. Sobald das Herz aufhört zu schlagen und die

Gehirnfunktionen ihre Tätigkeit einstellen, sammeln sich alle energetischen Partikel eurer Seele im Hypothalamus, der durch das Gefäß des Geistes geschützt wird. Wenn diese Partikel, man kann sie auch schlichtweg die Essenz eures Seins nennen, durch den Geist befreit und zurück ins universelle Netz gespeist werden, erlebt ihr das, was im herkömmlichen Sinn als „Nahtoderfahrung" bezeichnet wird. Euer bisheriges Leben im Avatar läuft vor eurem geistigen Auge nochmal ab, bevor sich der Geist vollkommen öffnet und die Lebensenergie in euer 8. Chakra, die Aura, entlässt. Die Aura bleibt noch etwa drei Tage voll funktionsfähig, um euch den Abschied vom Avatar in aller Ruhe zu ermöglichen. Deshalb ist es sehr wichtig, dass ihr dem toten Avatar diese Zeit des Loslassens gebt. Heutzutage ist der Tod leider zu einem lukrativen Geschäft verkommen, das eine solche Ruhephase nicht wirklich erlaubt. Dabei ist es nicht wichtig, wo sich der tote Körper befindet. Ob er nach einem Unfall erst einmal ins Kühlhaus gebracht wird, oder nach einer Krankheit im Krankenhaus oder in der eigenen Wohnung verbleibt. Ausschlaggebend ist, dass er die drei Tage zum Abschied erhält, ohne, dass irgendjemand an ihm Eingriffe vornimmt. Denn in dieser Ruhephase trifft der Verstorbene auf andere Seelenanteile seiner Gesamtseele. Menschen, die reanimiert wurden, sagen, sie hätten in diesem Prozess bereits verstorbene Familienmitglieder getroffen oder gar eine Art Lichtwesen, das sie je nach ihrem Glauben als Jesus oder Mohammed bezeichnen. Andere beschreiben, dass sie während diesem Prozess einen

Tunnel durchschritten, der in einem hellen, warmen Licht endete. All dies ist vollkommen korrekt, allerdings ist dieses Erlebnis nur halb so intensiv, als beim „endgültigen" Übergang. Der Tunnel, den viele beschreiben, ist die Verjüngung des Geistes, der Hals des Grals. Bei Menschen, die nach einer Nahtoderfahrung zurückgeholt wurden, blieb dieser Hals während ihres Ausflugs weiterhin geöffnet. Sie waren noch nicht soweit, ihr diesseitiges Leben zu verlassen. Ist der Tod „endgültig", verschließt sich der Gral endgültig und der Avatar bleibt als leere Hülle zurück. Am vierten Tag steigt eure Seele weiter auf ins 9. Chakra. Hier wird euch bewusst, wer ihr wirklich seid. Die Verbundenheit zur Erde und eurem Avatar verwandelt sich in Wertschätzung. Ihr erlebt eine Phase puren Glücks. Es ist auch ein sehr humorvolles Erlebnis. Euch wird klar, wie tief ihr mit der physischen Welt verbunden wart. Die Ängste, die ihr im Avatar gefühlt habt, bringen euch nun zum Lachen. Ihr erkennt, wir ernst ihr alles genommen und dabei vergessen habt, dass alles nur ein von euch inszeniertes Bühnenstück war. Deshalb seht ihr nun auch, welche eurer Seelenaufträge ihr erfüllt habt und welche nicht. Es ist ein Moment der Bestandsaufnahme, ganz frei von moralischen und ethischen, geschweige denn religiösen Bewertungen. Schon in dieser frühen Phase entscheidet ihr, ob ihr erneut inkarnieren möchtet, obwohl dieser Prozess erst später, in der Black-Tube, initiiert werden kann. Seid ihr mit der Betrachtung des zurückliegenden Lebens fertig, steigt ihr weiter auf, Chakra für Chakra. Im elften findet ihr zurück zu eurer wahrlich göttlichen Natur. Ihr blickt auf das Universum mit all seiner Schönheit. Hier wird euch bewusst, wie großartig eure gesamte Schöpfung ist und ihr seid durchströmt von tiefer Wertschätzung. Dann tretet ihr durch die „Himmelstür", zurück ins 12. Chakra, die Black-Tube. Nun seid ihr wieder außerhalb des Universums, an dem Ort, an dem alles seinen Anfang findet.

DIE GEBURT UND DAS LEBEN

In der Black-Tube bist du reines Bewusstsein. Hier gibt es weder einen Anfang noch ein Ende. Stelle dir vor, du hast einen Tagtraum. Du blickst in den blauen Himmel und denkst daran, wie es wohl wäre, mit einem Motorrad über die Landstraße zu fahren. Schmücke deine Gedanken aus. Betrachte jedes Detail des Motorrades genau. Die verchromten Zylinder und Auspuffrohre, den weichen, bequemen Ledersattel und den Lenker, den deine Hände fest umschließen. Spüre die Vibrationen, wenn du den Motor anlässt. Dann klappe den Seitenständer hoch und fahre los. Fühle den warmen Wind, der deinen Kopf umgibt. Oder du denkst einfach nur an die Schönheit der Natur, wie der Wind sanft durch die Blätter eines Baumes rauscht und wie die Strahlen der Sonne deinen Körper wärmen. Wenn es dir gelingt, solche Gedanken in deinem Kopf zu formen, kannst du vielleicht erahnen, wie die Schöpfung funktioniert. Diese kleine, einfache Imagination ist natürlich nichts im Vergleich zu deinen

Möglichkeiten in der Tube, der Schöpfungsinstanz. Damit du dich besser darauf einstimmen kannst, beschreibe ich dir nun was dort, vor deiner Inkarnation in einen Avatar, abläuft. Stelle dir vor, wie du einen Raum betrittst. Der Raum ist mit einem warmen Licht ausgeleuchtet, er verfügt über ein sehr reines Klima und ist sehr behaglich. Es stehen zwei bequeme Sessel darin, die zu einer großen Kinoleinwand zeigen. Du fühlst, dass du schon sehr oft hier warst. Alles kommt dir vertraut vor. Große Freude überkommt dich, weil du weißt, dass du gleich wieder die Liebe deines Lebens treffen wirst. Ihr wart für eine lange Zeit getrennt und du bist so gespannt darauf, dieses Wesen endlich wiederzusehen. Dann geht die Tür auf und ihr beide fließt über vor Glück. Endlich seid ihr wieder vereint. Ihr wünscht euch aus tiefster Seele, einander berühren zu können. Doch das geht in eurem geistigen Zustand nicht. Vor eurem inneren Auge laufen Jahrtausende ab, in denen ihr als menschliche Avatare zusammen wart. Ihr setzt euch in die beiden Sessel und seht zu der Leinwand, auf der eure Erinnerungen gezeigt werden und es erwacht in euch eine große Sehnsucht nach dem „richtigen" Leben. Ihr taucht vollkommen ein in diese wundervolle Welt. Dann beginnt ihr Pläne für ein neues Leben zu schmieden. Ihr entscheidet, wer von euch beiden als Mann und wer als Frau ins Spiel gehen wird. Danach gestaltet ihr wieder eure Avatare. Ihr legt fest, was ihr gemeinsam erleben wollt und was jeder ganz individuell erfahren möchte. Die Kinoleinwand entwickelt sich zu einem mehrdimensionalen Raum, in dem sämtliche

Figuren, Objekte und Ereignisse dreidimensionale Formen annehmen, wie bei einem Hologramm. Hier könnt ihr alles deutlich sehen, ja regelrecht fühlen, hören, riechen und schmecken. Doch ihr wisst, dass dies nur in eurer Phantasie stattfindet. Irgendwann seid ihr beide euch dann einig, dass euer Plan perfekt ist und ihr nun wieder inkarnieren möchtet. Jetzt sucht ihr euch die passenden Eltern aus und taucht ein in das neue Leben. Das nächste Abenteuer beginnt. Sobald ihr euch im Embryo eingenistet habt, verfolgt ihr alles Weitere zunächst aus der Black-Tube. Der Kanal bleibt so lange offen, bis sich die Fontanelle im Kleinkindalter schließt. In dieser Zeit programmiert ihr euren Avatar in aller Ruhe. Ihr bestimmt, ob ihr dem Wesen ein starkes oder eher sanftes Ego gebt. Ihr entscheidet, mit welchen Talenten und sonstigen Eigenschaften der menschliche Körper ausgestattet sein soll.

„Ihr formt den Avatar nach eurer Vorstellung"

Das ist gemeint, wenn die heiligen Schriften vom Abbild Gottes sprechen. Die Manifestation der menschlichen Avatare war für uns die größte Herausforderung im Vergleich zu allen anderen Formen, weil sie sehr komplexe Wesen sind. Auch hier ist die Filmsprache Hollywoods möglicherweise die einfachste und verständlichste, um zu erklären, wie wir etwas erschaffen. Wie du nun ja schon weißt, gibt es keine Trennung zwischen menschlicher und göttlicher Vorstellungskraft. Nur das menschliche Ego sorgt dafür, dass die Trennung existiert. Als wir (du, das universelle Bewusstsein) beschlossen, Avatare zu erschaffen, fing alles mit den bereits beschriebenen Gedanken an. Wir zeichneten die Baupläne unserer Wesen und somit jedes auch noch so kleine Detail des Körpers. Das Material aus dem wir Avatare prinzipiell erschaffen ist Licht, ganz normales Sonnenlicht. Bündelt man dieses Licht, sagen wir mal in einer Kompressionskammer, und informiert es gleichzeitig, entsteht eine geleeartige Masse. Im Film Ghostbusters nanntet ihr das Ektoplasma. Auch wenn dies sehr weit hergeholt ist, kommt es dem wahren Material sehr nah. Ist der digitale Blueprint vollkommen in dieser Ur-Masse verankert, beginnt der eigentliche Manifestationsvorgang. Hierbei wird die informierte Masse in das universelle Netz eingespeist. Über dieses Netzwerk bringen wir das Leben auf den jeweiligen Planeten. Die Ur-Masse eurer Spezies brachten wir auf diese Weise zunächst auf den Merkur, wie du ja bereits erfahren hast. Von da an entwickelten und reproduzierten sie sich vollkommen autonom. Also, wir erschaffen zuerst das Huhn, bevor es dann vollkommen selbständig Eier legt. Wenn wir heute von Reinkarnation sprechen, meinen wir die Übertragung einer Seele in einen Körper, der von Avataren produziert wurde. Auch wenn für euch das Universum unendlich groß ist, erreichen wir den entferntesten Ort innerhalb eines Wimpernschlags. Eure Wissenschaftler haben sich derart in den Gedanken verrannt, dass man fremde Planeten zwingend mittels Raumschiffs erreichen muss, weshalb sie bislang immer an der Hürde Lichtgeschwindigkeit gescheitert sind. Auch wenn das Licht sehr schnell ist, würde man es doch nicht schaffen, das andere Ende des Universums zu erreichen, zumindest nicht in einem Zeitrahmen, den der menschliche Geist erfassen kann. Nicht einmal das Modell der Raumkrümmung kommt der eigentlichen Sache nah. Aber der digitale Transfer eines W-Lan Netzes ist für dich vermutlich eher nachvollziehbar. Ungefähr so überbrücken wir die Distanz von der Black-Tube zur Erde und jedem anderen Planeten im Universum. Wir senden die Daten an Ort und Stelle und dort werden sie von der entsprechenden Hardware in Materie verwandelt. Denke dabei an den 3D Drucker. Eine Gebärmutter ist nichts anderes.

„Du kannst dir vielleicht vorstellen, dass dieser Prozess sehr aufwändig ist und wir uns deshalb wünschen, dass ihr endlich aufwacht und die Tragweite unseres Planes begreift"

Um euch aufzuwecken, benutzen wir eine plakative Ausdrucksweise, weil ihr durch eine ständige Reizüberflutung anhand von Smartphones, dem Fernsehen und dem Internet derart von eurem wahren Sein abgelenkt seid, dass wir uns nicht anders zu helfen wissen, als euch eine praktische Anleitung in die Hand zu geben die es euch ermöglicht, zuerst euch selbst zu verstehen. Und hierzu ist es wichtig, dass ihr die Macht von Glaubenssätzen begreift.

GLAUBENSSÄTZE

Nimm dir Zeit für dieses Thema. Hier findest du die Begründung für jeden Erfolg und Misserfolg in deinem Leben. An dieser Stelle musst du wissen, dass Glaubensätze Denkmuster sind, die in deinem Ego entstehen. Das Ego initiiert diese hauptsächlich deshalb, um dich zu beschützen. Sie äußern sich in unbewussten Denkvorgängen und Handlungen, die letztlich dein Verhalten und deine Lebensqualität bestimmen. Glaubenssätze bilden sich in der Kindheit durch subjektive Wahrnehmungen, gefiltert durch das Ego. Damit du das besser nachvollziehen kannst, lies die folgende Geschichte eines Mannes:

„Auf Frauen ist kein Verlass. Frauen sind nicht vertrauenswürdig"

„Dieser Glaubenssatz hat sich in mir manifestiert, als ich etwa 2 - 3 Jahre alt war, und ich musste 47 Jahre alt werden, um ihm auf die Schliche zu kommen. Entstanden ist dieser Glaubenssatz, als ich eines nachts in meinem Kinderbett aufwachte und feststellte, dass ich allein war. Als ich nach meiner Mutter rief, antwortete sie nicht. Ich hatte große Angst und steigerte mich derart hinein, dass ich panisch an den Gitterstäben meines Bettchens rüttelte. Als meine Mutter dann endlich kam, musste ich vollkommen außer mir gewesen sein, völlig apathisch und schweißgebadet. Obwohl ich sonst keine Erinnerungen an dieses Lebensalter habe, blieb dieses Erlebnis in mir haften. Ich fühlte mich von meiner Mutter derart alleingelassen, dass ich mein Leben bedroht sah. Als ich viele Jahre später meine Mutter darauf ansprach, konnte auch sie sich noch gut daran erinnern, denn sie machte sich lange Zeit große Vorwürfe, weil sie mich allein gelassen hatte. Sie sagte, dass sie und mein Vater mal kurz zu den Nachbarn gegangen waren. Da ich zu diesem Zeitpunkt schon fest schlief, machten sie sich keine Sorgen. Aus ihrer Sicht waren sie ja in der Nähe und mit einer Gefahr war nicht wirklich zu rechnen. Doch das Erlebnis steckte auch ihr noch viele Jahre in den Knochen. Ich habe meiner Mutter natürlich nie etwas vorgeworfen, weil das Ganze eben nur unbewusst etwas in mir bewirkt hatte, nämlich, jeder Frau, mit der ich zusammen war, den stillen Vorwurf zu machen: „Auf dich ist kein Verlass! Du bist nicht vertrauenswürdig!" Mein Ego hatte dieses Ereignis als äußerst „lebensbedrohlich" registriert und deshalb entsprechende Vorkehrungen getroffen. So etwas durfte aus seiner Sicht nie wieder passieren. Deshalb entwickelte es zu meiner (vermeintlichen) Sicherheit diesen tiefgreifenden Glaubenssatz. Durch ihn bin ich Frauen gegenüber misstrauisch geworden. Dieser eine Vorfall in frühester Kindheit hat in mir eine regelrechte Ego-Maschinerie in Gang gesetzt. Ich suchte von da an immer nach Beweisen, die mein Misstrauen rechtfertigten. Ich lauerte geradezu darauf, jede Frau, mit der ich zusammen war, bei einem „Fehler" zu erwischen, um sie zu überführen und mich darin zu bestätigen, dass ich Recht hatte, ohne dabei zu ahnen, dass dies ein Schutzmechanismus meines

Egos war. Diesen Glaubenssatz habe ich von einer Beziehung in die nächste mitgenommen. Du kannst Dir vielleicht vorstellen wie eine Beziehung aussieht, die von solch unbewussten, unsichtbaren Gedankenmustern überschattet ist. Das ist schon eine spannende Angelegenheit. Da treffen Glaubenssätze von beiden Partnern aufeinander, von deren Existenz in der Regel niemand etwas weiß. Das ist ein Kampf gegen unsichtbare Windmühlen. Erst als ich meine wahre, jetzige Frau heiratete, bin ich aufgewacht. Nicht gleich, nein, auch bei ihr versuchten meine alten Muster erst wieder ihr perfides Spiel in Gang zu bringen. Wir stritten uns auf Teufel komm raus. Ich hatte Glück, dass sie so stoisch und empathisch war und mich offenbar wirklich liebte. Sie hat nicht aufgegeben, den netten und liebevollen Mann in mir zu sehen, der ich in Wirklichkeit ja auch tatsächlich bin. Das Glaubensmuster-Monster in mir war ein echt harter Brocken und ich musste immer aufpassen, es im Zaum zu halten.

„Das Ego ist wie ein Monster, das unsere unbewussten Glaubenssätze beschützen will. Um es zu besänftigen müssen wir aufhören, es zu füttern!"

Beim Erkennen meiner internen Muster musste ich zuerst lernen, dass mein Ego mich mit diesen Glaubenssätzen zu schützen versucht, ich aber nicht mein Ego bin und vor allem, keine ungebetene Hilfe von ihm will. Da das Ego eine autonom arbeitende Instanz und von seiner Unfehlbarkeit absolut überzeugt ist, muss man sehr taktisch vorgehen, wenn man dessen Lautstärke etwas zurückdrehen will. Man muss ihm die Wünsche der Seele als seine eigenen Ideen verkaufen, damit es diese nicht schon beim Entstehen sabotiert. Sei also auf der Hut. Bedenke zunächst, was du (dein wahres Selbst) wirklich willst und entwickele dann eine Strategie. Um mich aus dieser Glaubensmuster-Falle zu befreien, führte ich mir nachfolgende Punkte immer wieder vor Augen. Dabei helfen keine Gefühlsduseleien, sondern ausschließlich Fakten:

Ich bin an diesem Kindheitserlebnis nicht gestorben

Ich atme noch, also lebe ich! (Das ist eine reine Tatsache, ohne Hätte – Wenn und Aber)

Meine Mutter hatte keine böse Absicht. Sie wollte nicht, dass ich mich derart ängstige

Eine Mutter liebt ihr Kind bedingungslos! (Alles andere wäre reine Interpretation des Egos, um sein Glaubensmuster-Szenario aufrecht zu erhalten)

Ich war damals nicht wirklich in Gefahr. Das Zimmer war geheizt, die Haustür verschlossen, meine Eltern waren in der Nähe (mehr gibt es nicht zu sagen)

Mein Ego prägte sich diese Ängste nur deshalb so tief ein, damit das nicht nochmal passierte. Es befürchtete in der Tat meinen/seinen Tod, man sollte ihm dafür fast dankbar sein. Es entwickelte daraus eine wirkungsvolle Überlebensstrategie: „Achtung – sei auf der Hut vor Frauen! Die lassen dich hängen, wenn es ernst wird" (grob gesagt: Achtung – Frauen töten Dich!) Dieses Ereignis nahm mein Ego jedenfalls zum Anlass, die volle Kontrolle über mein Leben zu übernehmen. Es machte mich zu einem regelrechten Sklaven, ohne dass ich davon wusste. Mein Ego meint es wohl sicherlich gut mit mir, es überschreitet aber hin und wieder seine Kompetenz". Wie du an der Geschichte dieses Mannes gut erkennen kannst, musst du sehr wach und voller Präsens durchs Leben gehen. Willst du wirklich frei sein, musst du dein Ego überlisten. Es verhindert dein persönliches Wachstum, weil es überall Gefahr wittert. Es ist dafür erschaffen, um deinen Avatar zu beschützen. Willst du aber deiner Seele Freiheit verschaffen, musst du taktisch klug vorgehen. Damit du deine internen Dialoge besser durchschaust musst du außerdem lernen, dir selbst richtig zuzuhören. Zum Üben ist das folgende Beispiel gut. Was impliziert die folgende Aussage?

„Meine Eltern haben mich ins Leben gesetzt!"

Denk mal intensiv darüber nach. Du hast das schon zigmal gehört, ob von dir selbst, Freunden oder Familienmitgliedern. Zumindest hat das jeder schon irgendwann mal in seinem Leben gesagt, gehört oder gedacht.

Meine Eltern haben darüber entschieden, ob ich zur Welt komme oder nicht

Ich war daran nicht beteiligt Ich hatte keine Wahl

Das war nicht meine Entscheidung

Ich bin gegen meinen Wunsch hier

Ich kann überhaupt nichts dafür, dass ich hier bin

Die setzen mich einfach in die Welt und ich soll sehen wie ich klarkomme

Ich war ungewollt, ein Unfall

Daraus ergeben sich dann folgende Glaubenssätze:

Ich bin hilflos

Ich bin ausgeliefert Ich bin machtlos Ich bin das Opfer

Ich kann nichts dafür

Andere führen die Regie in meinem Leben

usw.

Kommt dir etwas davon bekannt vor? Kannst du vielleicht noch mehrere Glaubenssätze in dir entdecken?

Wie zum Beispiel:

Ich bin zu dumm

Ich bin zu dick

Ich bin zu dünn

Ich bin nicht liebenswert Ich bin faul

Ich bin wertlos

Ich bin hässlich

usw.

Dann vielleicht noch diese Vergleiche:

die anderen sind schlauer, besser, schöner und reicher als ich.

Sie haben bessere Gene, bessere Eltern, bessere Lebensumstände

Daraus ergibt sich die weitaus wichtigere Frage:

„Wie wird sich ein Mensch wohl entwickeln, der so über sich denkt?"

Ist er der aktive Gestalter seines Lebens? Geht er motiviert an seine Aufgaben heran, weil er davon überzeugt ist, diese auch zu schaffen? Wohl eher nicht. Er lebt ja im ständigen Vorwurf an seine Eltern und im Bewusstsein, daran unbeteiligt zu sein. Somit haben andere die Entscheidungsgewalt über sein Leben. Erschwerend kommt hinzu, dass das Ego nichts lieber hat, als Recht. Deshalb wird es aus diesen Aussagen seine wirkungsvollsten Glaubenssätze formen und der Gesellschaft damit beweisen wollen, wie gut es sich selbst doch kennt. Macht euch bewusst: Es sind nur Programme, die euch dazu bringen, so über euch zu denken: „Ich bin nicht gut genug!" Das klingt verdammt hart, trifft aber auf die meisten Menschen zu. „Ich bin nicht gut genug" zieht sich wie ein roter Leit(d)faden durch das ganze Leben und steigert sich nicht selten zu dem Satz: „Ich bin nicht lebenswert!" Kannst du dir vorstellen, was das bedeutet und wohin es führt, wenn man so über sich denkt? Diese unbewussten Denkmuster machen keine Ausnahme. Sie treffen jeden von euch. Dabei ist es egal, ob der Mensch aus einem Akademiker Haushalt stammt oder einer Arbeiterfamilie. Ob arm oder reich, spielt dabei ebenfalls keine Rolle. Das betrifft Menschen jeglicher Herkunft. Insoweit ist das Universum sehr gerecht. Viele bleiben an dieser Stelle ihr Leben lang hängen. Sie beklagen sich über all die Ungerechtigkeiten, die ihnen das Leben angetan hat. Sie hören nicht auf, ihren Eltern Vorwürfe über dies und das zu machen. Sie begreifen nicht, dass nur sie allein bestimmen, was in ihrem Leben passiert. Nur ein paar schaffen es, ihren Eltern wenigstens zu verzeihen. Natürlich können sie den Schaden, den man ihnen angetan hat, nie zu 100% vergeben, um es mal sarkastisch auszudrücken. Sie bleiben ewig in diesem Vorwurf verstrickt und verhindern dadurch ihr persönliches Wachstum ohne zu merken, dass sie sich selbst im Weg stehen. Je früher du also diesen unbewussten Glaubenssatz „Ich bin nicht gut genug" oder gar „Ich bin nicht lebenswert" in deinem Leben erkennst und dann auch auflöst, desto früher entkommst du dem Opferstatus. Erst dann holst du dir die Macht über Dein Leben zurück. Du willst wissen wie das geht? Im Grunde genommen ist das ganz leicht. Ich traue mich fast nicht, es dir zu sagen, zumal es sich um eine Wiederholung handelt:

„DU hast DEIN Leben SELBST geplant und entworfen".

Akzeptiere es als universelle Wahrheit! Dann kannst du sofort aufhören zu jammern. Stattdessen verkündest du freudig:

Ich selbst habe entschieden, wann und wo ich geboren werde! Ich habe mir meine Eltern genau ausgewählt!

Sie gaben mir die besten Gene, die ich zu meiner Selbstverwirklichung brauche!

Ich bin auf meinen eigenen Wunsch hin hier auf der Erde! Ich bin machtvoll, ich bin schöpferisch!

Ich gestalte mein Leben nach meinen Vorstellungen usw.

Spürst du den Unterschied? Kannst du sehen, wie sich eine Situation verändert, sobald man sie aus diesem Blickwinkel betrachtet?

Meine Eltern sind genauso, wie ich sie für meine Entwicklung brauchte!

Das klingt komplett anders als:

„Meine Eltern haben mich schlecht behandelt und gegen meinen Willen ins Leben gesetzt!"

Ist diese Betrachtungsweise nicht befreiend? Und das Gute darin ist, es sind alles nur Gedanken!

„Du musst nicht mehr tun, als Dein Denken zu verändern".

Kannst du jetzt sehen, dass im Grunde genommen alles nur von einem Gedanken abhängt?

"DU bist Deines Glückes Schmied! Und niemand sonst!"

Da erhält dieses Sprichwort erst seinen richtigen Sinn. Aussagen, wie- „Mein Vater war ein böser Mann. Ich hatte immer Angst vor ihm. Durch ihn habe ich diese Angst vor Menschen entwickelt. Wegen ihm ist mein Leben so schlecht"- triefen regelrecht vor Selbstmitleid. Es ist unbestritten, dass Kinder durch ihre Eltern in ihrem Leben manchmal viel Leid erfahren. Aber es bringt einfach nichts, sich über vergossene Milch aufzuregen. Irgendwann muss man erwachsen werden. Wenn du deine Denkweise veränderst, das heißt, in erster Linie die Verantwortung für DEIN Leben komplett übernimmst, musst du niemals irgendjemandem etwas verzeihen. Da gibt es nichts zu verzeihen. Wenn du DIR deine Eltern ausgesucht hast, dann haben sie immer nur das getan, was du (Seele) von ihnen erwartet hast, was gut für deine persönliche Entwicklung war oder ist. Denke nach, was deine Seele durch diese Wahl vielleicht erfahren wollte.

„Welche Stärken hast du daraus entwickelt? Welchen Sehnsüchten hängst du nach? Was willst du noch erleben?"

Danach höre auf, dich zu beklagen. Ab einem gewissen Alter muss man sich ohnehin ernsthaft die Frage stellen: „Wann lasse ich die alten Dinge oder Vorwürfe los? Wann will ich endlich anfangen zu leben? Wie viel Zeit bleibt mir denn noch?" Fangt an, die Essenz in den Augen eurer Mitmenschen zu sehen, sucht den Kontakt zu ihrer Seele, nicht zu den Rollen, die sie spielen. Das Ego teilt Menschen in Kategorien und Wichtigkeit ein. Für das Ego gibt es nur Väter, Mütter, Kinder, Vorgesetzte, Ärzte, Lehrer, Obdachlose, Penner, Stars und VIPs. In diesem Hierarchiebewusstsein gibt es nur Hochmut, Unterdrückung, Rechtfertigung, Hass, Rache und Krieg. Das Leben ist bestimmt von Hass, Eifersucht, Neid und Gewalt. Trifft eine Seele auf eine andere

Seele, gibt es nur Liebe. Daran erkennt ihr, ob ihr bei vollem Bewusstsein seid.

ADAM UND EVA

Die Menschheitsgeschichte fing mit ihnen an und mit ihnen endet auch das Buch, denn sie sind das Alpha und das Omega. Um dir nun letztendlich klarzumachen was es mit der göttlichen Einheit auf sich hat, erzähle ich dir eine Geschichte, und sie fängt wie es viele Geschichten vor ihr taten. Es gab einmal zwölf Menschen, die sich auf dem Gipfel eines Berges trafen, sechs Männer und sechs Frauen. Sie kannten sich nicht und trafen dort, unabhängig voneinander, zur gleichen Zeit ein. Es war am späten Nachmittag und alles wussten, dass die Nacht vor der Tür stand und es klüger gewesen wäre, sich auf den Rückweg zu machen, als in zweitausend Metern Höhe zu verharren. Glücklicherweise befand sich der Berg weit im Süden und die Temperatur war sommerlich. Seltsamerweise sprachen sie nicht miteinander, schienen aber zu wissen, dass es für dieses Zusammentreffen einen Grund gab, den allerdings keiner kannte. Nachdem sie mehrere Stunden paarweise zusammensaßen, begann etwas in ihnen wach zu werden. Sie sahen sich dabei in die Augen und stellten fest, dass sie ihren Partner viel intensiver wahrnahmen, als je zuvor. In ihren Augen schien ein Schleier gefallen zu sein, wodurch sie plötzlich direkt in die Seele des anderen sehen konnten. Sie erkannten das Leid und die Freude im

Geist ihres Partners. Diese Offenheit überwältigte ihre Gefühle und sie hatten das Bedürfnis, sich an den Händen zu fassen. Sie fielen kurz darauf in einen traumähnlichen Zustand und befanden sich wenig später in einer Art Wolke. Alles um sie herum begann still zu werden. Es schien, als wären ihre Körper leicht wie Daunen und so schwebten sie nun etliche Meter über dem Gipfel. Nachdem schließlich jegliches Gefühl von Körperlichkeit erloschen war, verließen alle gleichzeitig ihr nunmehr formlos gewordenes Gefährt um die seltsame Szene, die sich da gerade auf der Bergkuppe abspielte, von oben herab zu beobachten. Sie nahmen in diesem Zustand nur ihren ätherischen Körper wahr und fühlten sich leicht und frei. Obwohl sie sich dabei unterhielten und jedes einzelne Wort des anderen verstehen konnten, bewegten sich ihre Lippen nicht und ihre Ohren nahmen keinen Laut wahr. Als sie ihrem Partner in die Augen sahen, stieg ein noch nie dagewesenes Gefühl in ihnen auf. Es war, als schritten sie durch die Zeit. Alles um sie herum legte sich in einen immer dichter werdenden feinen Nebel, in dem sich nach und nach eine Öffnung bildete und letztlich aussah wie ein Tunnel. Sobald sie durch diesen Tunnel hindurchgegangen waren stellten sie überrascht fest, dass sie sich in einem fremden Zeitalter wiederfanden und ihr Partner auf der anderen bereits voller Freude auf sie wartete. Sie waren erfüllt von Glück als sie erkannten, dass sie nie voneinander getrennt waren. Dann schritten sie durch das nächste Zeitloch und das übernächste. Jedes Mal stießen sie dabei auf ihn und waren erfüllt von einer tiefen Liebe. Hin und wieder hörten sie weit entfernt im Nebel der Unendlichkeit jemanden aus der Gruppe rufen: „Sarah, du bist ja schon da? Ich bin jetzt auch hier!" oder „Conor, mein Schatz, meine große Liebe, folge mir". Je tiefer sie durch die Wurmlöcher in die unbekannte Welt vordrangen, desto stärker wurden ihre Empfindungen füreinander. Es waren Jahrtausende, die sich vor ihnen ausbreiteten und die Liebe, die sie für ihren Partner fühlten war so stark, so intensiv, dass sich um sie herum ein Bewusstsein tiefster Verbundenheit aufbaute, welches sie schon bald umgab wie ein seidiger Kokon. Ihnen wurde bewusst, dass sie über all die Jahrtausende und Jahrmillionen zusammengehörten und niemals voneinander getrennt waren. Die Trennung, die sie in ihrem Avatar auf der Erde fühlten, entlarvten sie nun als Illusion. Herkömmliches Denken in Bezug auf Leben und Tod hörte auf zu existieren. Was blieb war unendliche Liebe und Wertschätzung. Jetzt nahmen sie die einzelnen Menschen ihrer Gruppe nicht mehr als getrennte Wesen wahr, sondern verschmolzen mit ihnen, bis letztlich nur noch ein einziges Paar existierte. Dieses eine Paar kannte plötzlich alle Antworten auf sämtliche Fragen der Menschheit. In diesem Bewusstseinszustand gab es einfach keine Unklarheiten mehr, alle Antworten waren schon da, bevor man die Frage stellte. Für eine Weile existierten nur noch sie beide und in ihnen stieg der Wunsch empor, nun ebenfalls miteinander zu verschmelzen, sie wollten Eins sein. Und so geschah es. Nun existierte nur noch dieses eine Wesen auf dem Gipfel des Berges. Es sah hinab auf die Erde, das Meer und die Avatare, die schlafend auf dem Boden des Berggipfels lagen. Das Wesen betrachtete die menschlichen Körper voller Liebe und Dankbarkeit, wie Eltern, die nach ihren schlafenden Kindern sahen. Es fühlte, dass es selbst körperlos war, nahm sich jedoch sehr deutlich wahr. Es erkannte, dass es der Erschaffer von all dem war, was sich hier auf der Erde seit Äonen abspielte. Es begriff in diesem Moment, dass es außer ihm noch nie etwas anderes gegeben hatte, und es alles war, das jemals existierte. Es war die Form und das Formlose, es war die Materie und der luftleere Raum. In diesem Bewusstsein schwebte es eine Weile in absoluter Singularität und beobachtete seine Gedanken. Als es sich seiner alleinigen Existenz vollkommen gewahr wurde, erwachte in seinem Inneren die tiefe Sehnsucht, sich wieder aufzuspalten und zurückzukehren, in den Körper eines Mannes und zur gleichen Zeit in den Körper einer Frau. Als die Sonne über den Horizont gekrochen kam öffneten sie wieder ihre Augen und sahen sich fragend um. War etwa alles nur ein Traum gewesen? Auf den ersten Blick hatte sich nichts verändert. Erst als sie sich gegenseitig in die Augen sahen bemerkten sie, dass sich alles verändert hatte. Nichts, aber auch nicht das Geringste war geblieben wie es einmal war. Sie wussten in diesem Moment wer sie wirklich waren. Während sie die Veränderung nun auch körperlich spürten, wurde ihr Lächeln immer breiter und keiner traute sich als erster zu sagen was er wahrnahm. Doch je häufiger sie untereinander Blicke austauschten desto sicherer wurden sie sich. Es war keine Einbildung. Sie hatten alle dieselbe

121

Erinnerung an die vorangegangene Erfahrung. Jeder von ihnen wusste, dass sie von einem einzigen Wesen abstammten und sie dieses Wesen waren. Ihnen wurde klar, dass sie gerade aus seinen Augen schauten und voller Freude spürten, dass der Seelentransfer gelungen war. Das Wesen wusste in diesem Moment, dass es wieder in die Avatare zurückgekehrt war, die es kurz zuvor verlassen hatte und fühlte dabei pures Glück.

DAS ERWACHEN DER MENSCHHEIT

Am darauffolgenden Morgen schienen sämtliche Uhren der Welt stillzustehen, nicht ein Wecker klingelte, und trotzdem erwachten die Menschen zur gewünschten Zeit aus einem erholsamen Schlaf. Sie alle erinnerten sich an den bizarren Traum, der sie durch die Nacht begleitete. Es war ein außergewöhnlicher Traum, der längst verschüttete Emotionen von tiefer Liebe und Zuversicht in ihnen wachrief. Der Traum erschien fantastisch und realistisch zugleich. Der Träumende sah, wie alle Menschen der Erde gleichzeitig einen Berg emporstiegen. Asiaten, Afrikaner, Europäer, Menschen sämtlicher Ethnizitäten und Nationalitäten waren da und reihten sich in den friedlichen Menschenstrom ein. Der Aufstieg verlief in vollkommener Stille und Verbundenheit. Je näher sie dem Gipfel kamen, umso ruhiger und sicherer fühlten sie sich. Es war gerade so, als stiegen sie über eine Leiter direkt in den Himmel, um dort auf etwas zu stoßen, was zunächst alle als ihren Gott erkannten. Doch dieser Gott hatte keine bestimmte Form, sondern er war eher ein Bewusstseinsnebel, der ihnen ein Gefühl der Geborgenheit vermittelte. Auf dem Berg, der im Traum keinen Namen hatte, trafen sie alle zusammen und fühlten sich miteinander verbunden. Es war ein regelrechter Wirrwarr von Sprachen, ohne, dass nur einer der Anwesenden seine Lippen bewegt hätte. Jegliche Kommunikation erfolgte auf telepathische Weise. Das sprachliche Durcheinander war auch keineswegs hektisch oder bedrohlich, sondern heiter und erfrischend. Sie fühlten sich wie Kinder, die gespannt auf ihre Geburtstagsgeschenke warteten. Immer mehr fühlten sie sich von etwas angezogen, für das sie zu Beginn keine Erklärung fanden.

Sie sahen den anderen Menschen in die Augen und stellten fest, dass sie sich selbst darin sehen konnten, so, als wären sie ein Teil dieser Menschen. Je häufiger sie untereinander Blicke austauschten desto näher kamen sie der Seele, die sich in dem jeweiligen Körper befand und sie nahmen Kontakt mit ihr auf. Sie spürten plötzlich, dass sie mehr waren als nur die Hülle aus Fleisch und Knochen, die sie täglich im Spiegel sahen. Sie traten in diesem Moment mit ihrem wahren Selbst in Verbindung und wurden dabei erfüllt von Liebe zu ihrem weltlichen Körper und ihrer Seele. Ganz gleich welcher Religion sie angehörten, in diesem Moment drängten die Worte Jesu in ihr Bewusstsein und sie erkannten, dass sie wahr waren: „Liebe deinen Nächsten wie dich selbst". Sie sahen wer sie wirklich waren und, dass alles, was sie bisher für Real hielten, reine Illusion war. Sie konnten nicht anders als voller Freude und Wertschöpfung zu weinen. Es schien für sie eine Erleichterung zu sein, endlich vom Ballast ihrer irdischen Angst und Unsicherheit befreit zu werden. Dann verspürten sie erneut eine magnetische Anziehung, die sie zum Weitergehen veranlasste und sie suchend von einem zum anderen schauten. Es dauerte eine Weile bis es endlich soweit war und sie vor ihrem wahrhaftigen Seelenpartner standen. Wo immer er sich zuvor auch aufhielt, ob in einem anderen Land, oder ob er bereits gestorben war, in diesem Moment waren sie mit ihm vereint. Sie konnten nicht glauben, dass sie ihn während ihres gesamten Lebens in ihrem Avatar vergessen hatten. Nun sahen sie sich voller Verwunderung an und in ihnen wuchs der Wunsch, mit dem anderen Teil ihrer Seele zu verschmelzen, bis sie schließlich Eins mit ihr wurden. Als sie aus dem Traum erwachten hätte keiner sofort sagen können, was an diesem Morgen anders war als an sämtlichen vorausgegangenen Tagen, doch jeder fühlte die dramatische Veränderung tief in seinen Zellen. Sie spürten noch immer die Verbindung mit allen anderen Seelen, auch wenn sie allein in ihrem Bett lagen. Sie streckten sich ausgiebig und fühlten sich frisch und gesund. Wer noch am Abend zuvor unter Schmerzen litt, war nun von jeglicher Pein befreit, denn kaputte Gelenke und kranke Organe waren auf wundersame Weise geheilt. Beim Blick in den Spiegel stellten sie fest, dass sie immer noch dieselbe Person waren wie zuvor, sie jedoch jünger, vitaler und gesünder aussahen. Nachdem sie ihren erneuerten Körper bewundert hatten wurden sie von einer nie dagewesenen Neugier übermannt. Überall auf der Welt, ob in Shanghai, Tokyo, New York oder Sidney, verließen die Menschen ihr Zuhause und gingen auf die Straße. Mit verzauberten Blicken sahen sie sich an und kommunizierten wortlos miteinander. Menschen, die sich vorher aus dem Weg gegangen waren, lagen sich nun in den Armen und weinten voller Glück. Sie waren erfüllt von Mitgefühl, Verständnis und einer Liebe, von deren Existenz sie noch nie zuvor etwas geahnt hatten. Soldaten legten ihre Waffen nieder und standen verwundert vor ihren Vorgesetzten. Sie fragten sich, was von nun an für sie zu tun wäre? Daraufhin verließen sie ihre Posten, beluden ihre Rucksäcke mit Lebensmitteln aus den Vorratslägern, und versorgten arme Menschen in der jeweiligen Umgebung. Juden gingen auf Moslems zu und umarmten sich, während sie weinend auf ihre blutige Vergangenheit zurückblickten und wortlos ihr Bedauern aussprachen. Aber auch Andersgläubige erkannten den Wahnsinn der nicht nur hinter ihrer eigenen Religion lag, sondern auch hinter jeder anderen. Es offenbarte sich ihnen ein tiefes Wissen über die Entstehungsgeschichte des Universums. Sie erinnerten sich an die Einheit, die Singularität, die sie während dem Traum erfahren hatten und begruben all ihre Streitigkeiten. Menschen, die während dem Übergang in den neuen Zyklus nicht schliefen, weil sie entweder arbeiteten oder auf einer Party feierten, erlebten diesen Moment auf eine vollkommen andere, aber nicht weniger intensive

Weise. Egal in welcher Stadt der Welt, fielen Menschen in Bars und Diskotheken zu diesem Zeitpunkt in einen hypnotischen Zustand und erlebten den gleichen Traum wie die Schlafenden, mit dem einzigen Unterschied, dass sie mit offenen Augen träumten. Während sie von dem Gefühl der göttlichen Einheit übermannt wurden sahen sie ihrem Tanzpartner, oder dem Gast auf dem nächsten Barhocker in die Augen, und darin spiegelte sich der friedvolle Marsch der Menschen zu dem Berggipfel wider. Egal welche sexuelle Ausrichtung sie hatten und ganz gleich welchem Geschlecht sie auch angehörten, sie alle fühlten wie sie ihrem Seelenpartner näherkamen. Manche waren überrascht zu erfahren, dass ihre weltlichen sexuellen Vorlieben nicht mit ihren wahrhaftigen übereinstimmten. Doch das spielte nun alles keine Rolle mehr. Sie begriffen, dass es immer nur ein einziges Schöpfungsbewusstsein gab, das absichtlich einen männlichen und einen weiblichen Avatar erschaffen hatte, um eine autarke Reproduktion zu ermöglichen. Wenn es also kein Zufall war, dass die eine Hälfte des Bewusstseins mal in einen männlichen Avatar und ein anderes Mal in einen weiblichen inkarnierte, war das Geschlecht plötzlich Nebensache. Was sie aber mit Gewissheit erfuhren war die Tatsache, dass sie immerwährendes Leben waren. Menschen, mit einer körperlichen Einschränkung, trafen während dieser Nacht auf ihre unversehrte Seele und erfuhren im selben Moment, weshalb sie in ihrer jetzigen Inkarnation eine derartige Erfahrung machten. Es offenbarte sich ihnen eine vollkommen neue

Blickweise auf ihr weltliches Los. Sie verstanden, dass sie im wahren Sinn niemals behindert waren, so wie sie vielleicht von der Gesellschaft gesehen wurden, sondern, dass ihre Seele die Chance haben wollte, ein größeres Spektrum der Körperlichkeit zu erfahren. Ihre vermeintliche Behinderung lieferte ihrer Seele weit mehr Erfahrungen als ein anderer Körper jemals dazu in der Lage gewesen wäre. Sie erfuhren, dass sie mit diesem Seelenauftrag viele außergewöhnliche Begabungen entwickeln konnten, indem sie gegen unendlich viele Widerstände kämpfen mussten, und das auf seelischer und körperlicher Ebene. Sie bewiesen damit mehr Mut und Stärke, als jeder andere Mensch auf der Welt. Das Erlebnis dieser Nacht zeigte allen Menschen ihre wahre Herkunft, ihre ursprüngliche Aufgabe, und das gab ihnen Frieden.

DER SEELEN-POOL

Sobald das Schöpfungsbewusstsein den Entschluss gefasst hatte sich aufzuteilen, spaltete es sich in sechs Milliarden weibliche und sechs Milliarden männliche Seelenanteile. Damit war auch die maximale Anzahl an Menschen erreicht, welche die Erde aufnehmen konnte. Das galt auch für alle anderen bewohnten Planeten im Universum. Solange die zwölf Milliarden nicht vollständig waren, warteten die restlichen Seelenanteile im Jenseits auf ihre Körper. Die maximale Anzahl von zwölf Milliarden Menschen wurde immer erst kurz vor dem Sprung zum nächsten Planeten erreicht. Bis dahin starben Avatare und schickten ihre Seele zurück in den Seelen-Pool, bis sie dann zum gegebenen Zeitpunkt wieder inkarnierten. Es war ein ständiges Kommen und Gehen, das für die Gesamtseele einen ununterbrochenen Austausch von Erfahrungen ermöglichte. Sie wussten alle, dass es den Tod nicht gab, sondern alles einem niemals endenden Kreislauf von Leben und Wiedergeburt folgte. Die Angst vor dem Ungewissen wurde abgelöst von Heiterkeit, einer Art Vorfreude, auf das nächste Abenteuer, das sie bei ihrer Rückkehr erwartete. Sie hörten eine Stimme die freudvoll rief: „Das Leben in einem menschlichen Avatar ist wie ein Besuch im Disneyland. Wir kommen so oft in den Unterhaltungspark "Erde" zurück, bis uns sämtliche Fahrattraktionen zu den Ohren herauskommen. Dann machen wir uns auf den Weg zum nächsten Planeten und beginnen nochmal von vorn".

ENDE

ZUSAMMENFASSUNG DER KERNAUSSAGEN

„…denn das Einzige, worüber du dir klar werden musst ist die Tatsache, dass ihr tatsächlich alle miteinander verbunden und somit EINS seid"

„Wir sagen euch, das ist lächerlich und wären wir humorlos, könnten wir das glatt für eine Beleidigung halten!"

„Der Mensch ist Mittel zum Zweck!"

„Du stellst dir jetzt zu Recht die Frage: Warum diese Hektik? Die Antwort ist einfach aber tragisch: Weil ihr es bis dahin geschafft habt, den Planet Erde zu zerstören"

„Wir haben bislang meist in Metaphern gesprochen, doch jetzt sind wir gezwungen Klartext zu reden"

„Es wundert uns nicht, dass die Bezeichnung Paradies von euren ersten Vorfahren immer weiter an die nächste Generation überliefert wurde und bis heute bekannt ist"

„Avatare sollen den Planeten nicht verlassen, nur, weil sie ihn zerstört haben!"

„Du bist nicht dein Ego! du hast nur eins!"

„Wer denkt denn da gerade?"

„Du bist eine unsterbliche Seele, die den Avatar benutzt! du bist nicht der Avatar!"

„Das Ego ist das Betriebssystem des Avatars und gaukelt dir vor, du zu sein!"

„Wer bin ich dann?"

„Papa, das kenne ich doch schon. Da war ich doch erst. Kurz bevor ich hierhergekommen bin"

„Der Verstand ist klug, der Geist ist weise"

„JETZT, in diesem Moment, da du davon erfährst, ziehen wir gerade an dir. Wir sind dabei, dich zu befreien"

„Zwischen Ego und Verstand besteht eine gewisse Co-Abhängigkeit"

„Für einen weiteren Sprung, über die Grenzen des Sonnensystems hinaus, wird euer menschliches Wissen nicht ausreichen und dafür existiert auch kein Plan"

„Ihr formt den Avatar nach eurer Vorstellung"

„In jedem von uns wohnt ein Monster, das unsere unbewussten Glaubenssätze beschützen will. Um es zu besänftigen müssen wir aufhören, es zu füttern!"

„DU hast DEIN Leben SELBST geplant und entworfen"

„Du musst nicht mehr tun, als Dein Denken zu verändern"

„Welchen Sehnsüchten hängst du nach? Was willst du noch erleben?"

„Das Avatar-Abenteuer auf der Erde ist nichts anderes, als ein Besuch im Disneyland"

BONUSMATERIAL

Nutze die Kraft deiner Ahnen

„Getrennt seid ihr schwach, vereint seid ihr unschlagbar".

KEINE ZEIT VERSCHWENDEN

Damit meine Worte die erwünschte Wirkung zeigen, werde ich Sie, lieber Leser, ab sofort duzen.

Mit dieser persönlichen Ansprache lässt dein Unterbewusstsein mich einfach näher an dich ran. Keine Angst, dir passiert nichts, zumindest nichts Negatives. Passieren wird allerdings eine ganze Menge. Du wirst dein wahres Selbst kennenlernen und verstehen, dass du nicht nur der wichtigste Mensch in deinem Leben bist, sondern auch der stärkste und leistungsfähigste.

Was du auf den nachfolgenden Seiten lesen wirst, hat es in dieser Form noch nie gegeben, zumindest nicht im Kontext des Aufgebens von Lastern, ganz gleich ob es dabei ums Rauchen, dem übermäßigen Konsum von Alkohol oder krankmachender Essgewohnheiten geht.

Ich habe meine Worte mit Bedacht gewählt, um das bestmögliche Resultat zu erzielen. Und ich habe mein Wissen in wenige Worte, genauer gesagt, auf wenige Seiten komprimiert, weil ich weiß, dass die meisten Menschen nicht gerne lesen.

Alles was du dabei tun musst ist, die Wirkung dieser Worte zuzulassen. Du wirst überrascht sein wie einfach es für dich sein wird, negative Verhaltensmuster gegen positive zu ersetzen.

Du fragst dich, ob meine Überzeugung esoterischer Natur ist? Nein, ganz im Gegenteil, sie ist das Produkt logischer Gedankenkonzepte, die bis an die Anfangszeit der Menschheit zurückreichen. Die Basis hierfür bildet das Konzept der Biogenetik, also der Vererbung von

Eigenschaften und Wissen durch die Körperzellen.

Du möchtest wissen, wie ich darauf gekommen bin? Dies könnte ich auf verschiedene Weisen beantworten:

1. Ich befasse mich seit vielen Jahren mit dem Unterbewusstsein und habe dabei bemerkt, dass unsere wahre Kraft außerhalb unseres bewussten Wahrnehmungsbereichs liegt.
2. Ich bin ein unsterbliches Wesen und verfüge über das gesamte Wissen der Menschheitsgeschichte.
3. Ich bin der Schöpfer der Menschheit und weiß, wie du funktionierst.
4. Ich bin ein guter Zuhörer, der festgestellt hat, dass Menschen auf bestimmte Worte besonders stark reagieren.

Na, welche Antwort gefällt dir am besten? Und vor allem, an welche würdest am liebsten glauben? Dann nimm diese als unumstößliche Wahrheit an, denn selbst die glaubhafteste Erklärung würde dein Verstand ablehnen, sofern diese nicht in dein Gedankenkonzept und deine persönliche Agenda passt.

Das Gute am menschlichen Geist ist seine Kraft Dinge entstehen zu lassen, die man in einer Formel auf den Punkt bringen könnte:

Idee (Geist) + Willenskraft (Geist) + Tat (Körper) = Ergebnis. Die geistige Stärke überwiegt in allen Lebensbereichen und sie ist der unsichtbare Motor des menschlichen Fortschritts.

Wenn du beim Lesen über Begriffe stolperst, mit denen du nichts anfangen kannst, suche selbst nach der Antwort oder lies einfach weiter. Es ist nicht wichtig, dass du alles verstehst, aber es ist unerlässlich, dass du fühlst, wie die Worte auf dich wirken.

Meine Aufgabe sehe ich darin, dir zu vermitteln, dass du das Ergebnis deiner Vorfahren bist.
Du bist somit nicht nur ein Teil von ihnen, sondern du bist der fortschrittlichste Mensch in deiner Ahnenreihe, und sämtliches Wissen ist in dir gespeichert.

Erinnere dich!

Hör nicht auf, nach dem Ursprung deines Lebens zu suchen. Sei dir gewiss, dass deine Vorfahren so stark waren, sämtliche Kriege, Katastrophen und Krankheiten zu überleben, um dir das Leben zu schenken.
Sie alle waren Kämpfer und gleichzeitig Philosophen, um mit allen Problemen des Lebens fertig zu werden.
Die Natur ist in dieser Angelegenheit nämlich äußerst gerecht: Nur die intelligentesten und stärksten einer jeden Spezies schaffen es, sich selbst gegen die widrigsten Umstände durchzusetzen.

Und genau von diesen Menschen stammst du ab!
Weshalb solltest also ausgerechnet du zu schwach sein, dich von Süchten und Zwängen zu befreien?

DIE KRAFT DES WORTES

Damit du die Kraft meiner Worte in ihrer vollen Tiefe verstehen kannst, nimm anhand des folgenden Beispiels wahr, was sich hinter den einzelnen Beschreibungen und Ausdrücken verbirgt, und wie sie sich in dir bemerkbar machen.

Alternative 1:

Du bist der Herr über dein Leben. Du bist stark und intelligent. Du bist, im wahrsten Sinne des Wortes, deines Glückes Schmied. In dir sind sämtliche Stärken deiner Ahnenreihe vereint.

Oder ich könnte dir eine Geschichte erzählen:

Alternative 2: Der Blick in die Vergangenheit

Stelle dir vor, du könntest einen deiner Urahnen besuchen, der im 12. Jahrhundert gerade auf dem Sterbebett liegt. Betrachte dabei genau seine Lebensumstände. Es ist kalt, es gibt kaum Nahrung, die Welt ist voller Seuchen, Armut und Hoffnungslosigkeit. Fühle die Angst, die auf ihm lastet, weil er sich schon bald nicht mehr um dich kümmern kann. Du bist sein Kind, sein ein und alles. Er macht sich große Sorgen, ob du es ohne ihn schaffen wirst.
Dann sieh in seine Augen und nimm seine Hand in deine. Tröste ihn und offenbare ihm, dass in deinem Leben alles gut ist. Danke ihm für seine Stärke und erkläre ihm, dass er alles richtig gemacht hat. Mit dem Wissen, dass alle seine Nachkommen in Sicherheit sind, wird er friedlich und voller Stolz die Augen schließen können.

Spürst du den Unterschied und die Gemeinsamkeit in beiden Darstellungen?
Beides ist wahr, doch in der zweiten Alternative fühlst du die Verbundenheit zu deinem Ursprung. Du bist plötzlich nicht mehr allein.

Der Blick in die Zukunft:

„Besuche nun einen deiner Nachfahren im Jahr 2500. Er oder sie ist noch ein kleines, verunsichertes Kind. Sage ihm wer du bist, und mache ihm klar, wie viele von eurer Blutslinie bereits gelebt haben. Verdeutliche ihm, was ihr alles überstanden habt und welche Rückschlüsse ihr daraus ziehen konntet. Erkläre dem Kind wie stark es ist, und, dass alle seiner Vorfahren über ihm wachen".

Was geht jetzt in dir vor? Fühlst du die Aussöhnung und Freude zwischen allen Generationen, oder spürst du vielleicht sogar etwas Stolz in deiner Brust? Kannst du sehen, dass du nicht allein, sondern mit tausenden deiner Vorfahren und Nachkommen verbunden bist? Wie könnte die Kraft dieser unzähligen Verwandten jemals an einem Problem scheitern?

Genau dieses Gefühl wird dir dabei helfen, nicht nur mit allem fertig zu werden, sondern daraus Kraft und Zuversicht zu schöpfen.

ENTSCHEIDUNGEN

Du hast immer die Wahl!
Du musst nichts an deinen Gewohnheiten und Süchten verändern, wenn du dies nicht willst. Es liegt allein an dir, etwas zu lassen oder nicht. Kein Mensch kann dich dazu zwingen. Es ist allein deine Entscheidung.

Doch welches Problem auch immer du gerade bewältigen willst, stelle dich vor einen Spiegel und sieh deinem Spiegelbild tief in die Augen.

Du wirst dabei schnell feststellen, dass dein Verstand versucht, die Situation zu verstehen und zu begründen. Vielleicht schießen dir Fragen durch den Kopf, wie z. B. „Meine Falten werden täglich tiefer" oder „ich könnte etwas mehr Schlaf gebrauchen". Was auch immer du beim Blick in den Spiegel denken magst, akzeptiere es, doch halte den Augenkontakt aufrecht. Hör nicht auf, in deinen Augen deine Seele zu finden. Suche nach dem Blick deines sterbenden Urahns und dem deines zukünftigen Nachkommens.

Nimm wahr, dass du ein Teil von ihnen bist. Begreife, dass ihre Seelen ein Teil von deiner Seele sind. Fühle die Liebe, die euch alle verbindet.

Sieh so oft in den Spiegel, bis du wirklich Kontakt aufgenommen hast.

Dann stelle ihnen die Frage:

„Was meint ihr, soll ich das Rauchen / Trinken / übermäßige Essen aufgeben, oder nicht?"

Kannst du dir an dieser Stelle denken, wie ihre Antwort lauten wird?

Nein? Dann übe weiter, konzentriere dich!

Vielleicht hilft dir dabei folgendes Experiment:

Wenn du das nächste Mal unter der Dusche stehst, stellst du dich mit dem Rücken zur Brause und richtest den Wasserstrahl auf deinen Hinterkopf. Stehe dabei entspannt, schließ die Augen und fühle, wie das Wasser über deinen Kopf und über deinen Rücken läuft. Dann hältst du dir gleichzeitig beide Ohren zu, während das Wasser weiterläuft. Du nimmst dabei deine Umwelt nicht mehr über den äußeren Gehörgang wahr, sondern über deinen ganzen Körper und vor allem über deine

Schädelknochen. Öffnest du währenddessen deine Augen, hast du das Gefühl, als würdest du durch die Augen deines Avatars hinaussehen, so wie ein Blick durch ein Fenster.

Auch wenn das natürlich nur eine spaßige Übung ist, steckt doch ein tieferer Sinn dahinter. Wenn es dir gelingt, wie auch immer, hin und wieder innezuhalten um festzustellen, dass du NICHT NUR deine Hülle aus Fleisch und Knochen bist, dann frage dich:

„Wer bin ich dann?"

Werde zum Beobachter deines Lebens und genieße es, von innen heraus alles zu steuern.

Nun zurück zum Thema. Wenn du ab sofort den Impuls verspürst, eine Zigarette rauchen oder ein Glas Schnaps trinken zu müssen, stelle dich vor den Spiegel und wiederhole die oben genannte Prozedur. Je öfter du dies tust, desto schneller kannst du diesen Prozess vor deinem inneren Auge ablaufen lassen. Schon bald musst du nicht mehr persönlich vor dem Spiegel stehen und dein Spiegelbild befragen. Du wirst in der Lage sein, dir diesen Dialog vorzustellen.

Frage im Geist deine Vorfahren und bitte sie um Rat. Du spürst dabei immer mehr, dass du nicht allein bist.

Deine Zellen erinnern sich an ihre innewohnende Stärke.

Deshalb eines ganz deutlich: *„Ohne einen festen Willen geht es nicht. Doch der Wille allein reicht nicht aus".*

Ein starker Wille entstammt in der Regel einem starken Ego. Und das Ego ist leider oftmals der Grund für jedes Scheitern, ganz gleich in welcher Lebenslage. Ego initiierte Maßnahmen enden meist in einem Desaster. Deshalb ist

138

es unabdingbar, dass du zuerst deinem Ego auf die Schliche kommst, bevor du erfolgreich dein jeweiliges Problem bewältigen kannst.

Und um die Funktionsweise des Egos zu verstehen, muss man zunächst einmal anerkennen, dass man eines hat, um dann zu erkennen, wann es gerade auf unser Handeln und Denken Einfluss nimmt. Erst wenn man weiß, dass das Ego der Urheber unserer Glaubenssätze ist, kann man gegensteuern. Einen tieferen Einblick erhältst du im Bonusteil.

ALTE MUSTER LOSLASSEN, NEUE ERSCHAFFEN

- Wir müssen von Natur aus nicht rauchen!
- Wir müssen von Natur aus trinken, jedoch keinen Alkohol! Wasser ist der Stoff, aus dem wir zum Großteil bestehen! Reines Wasser, ohne Kohlensäure.
- Wir müssen von Natur aus essen, doch wir müssen uns nicht mit krankmachendem Zeug vollstopfen.

Deshalb stelle dir jetzt die Frage:

„Bin ich bereit alles wegzulassen, was mich krank macht?"

Wenn ja, herzlichen Glückwunsch! Wenn deine Antwort ‚nein' lautet, frage deinen Urahn, was er davon hält.

Ein alter Mann hat mir einmal von seiner Gefangenschaft im zweiten Weltkrieg berichtet. Als man sie damals befreite, bot man ihnen trockenes Brot und Zigaretten an. „Diejenigen, die lieber rauchten, sind mittlerweile alle tot", sagte er, „die anderen haben fast alle überlebt".

Natürlich gibt es auch alte Raucher, jeder von uns kennt einen, aber leider entstammt dieser Vergleich der Sucht. Sie will leben und muss deshalb solche positiven Dinge hervorbringen, um dich vor dem Aufhören abzuhalten.

Die meisten Raucher, Trinker und krankhaften Esser erleben täglich Niederlagen. Immer wenn sie ihr Versprechen, die krankmachende Substanz nie wieder in sich aufzunehmen brechen, verachten sie sich dafür. Wie müssen sie sich dabei wohl fühlen?

Du kennst das? Dann sage dir beim Blick in dein Spiegelbild: „Ab sofort nutze ich die Kraft meiner Ahnen, und lebe frei von Sucht".

ALLTÄGLICHES

Es ist nicht die Substanz, nach der du süchtig bist, es ist das gute Gefühl, das du liebst, wenn das Nikotin, der Alkohol, die frittierten Speisen deinen Körper überfluten.

Deshalb sei dir darüber im Klaren was du wirklich brauchst, was dein Körper wirklich benötigt, um gesund zu bleiben.

Ach, du glaubst, du hast ein Recht auf das gute Gefühl während du dir dies oder jenes verabreichst? Natürlich hast du dieses Recht, aber ist es das, was du wirklich willst?

Ich glaube nicht, sonst würdest du diese Zeilen nicht lesen.

Also gehe es entspannt an. Sobald du ab sofort das Gefühl verspürst, die Substanz deiner bisherigen Wahl zu dir nehmen zu müssen, sage laut ‚STOPP'.

Gehe leibhaftig, oder in Gedanken, wieder vor den Spiegel und blicke diesmal noch tiefer in deine Augen.

Schreibe auf, wann und zu welchen Gelegenheiten du Lust auf dein Suchtmittel verspürst. Lerne dein Verhalten kennen und schaffe dir einen Raum zwischen Reiz und Reaktion. Das heißt, erkenne dein Verlangen, ohne es sofort zu befriedigen.

Sage dir immer wieder, dass deine Ahnen stark waren und, dass du deren Erbe angetreten bist und deshalb genauso stark bist wie sie.

„Deine gegenwärtige Stärke ist die logische Konsequenz deiner Vergangenheit, und keine Einbildung. Sie ist absolut real! Denn sonst gäbe es dich nicht".

Diese Art des Denkens hat nichts mit einem festen Willen zu tun, sondern ist vielmehr ein Resümee deines Geistes, beziehungsweise deiner uralten, unsterblichen Seele.

Dann ersetze das jeweilige Suchtmittel durch etwas Gesundes. Trinke ein Glas Wasser, esse eine Möhre und lenke deine Gedanken auf etwas Schönes.

Werde zum Meister deiner Gedanken.

Schließlich ist der Gedanke der Auslöser jeder Tat.

Nun ist es an der Zeit, den Müll aus deinem Leben zu entfernen:

- Wirf Vorräte deines Suchtmittels weg und bedanke dich währenddessen bei jedem einzelnen. „Danke, dass du versucht hast, mir gute Gefühle zu geben".

- Verändere dein Umfeld. Sage Freunden, die dich zum Rauchen/Trinken/Essen animieren, dass du deine Gewohnheiten veränderst und danke ihnen für die schönen Momente, die ihr gemeinsam hattet. Wenn sie dich in deiner Absicht behindern, solltest du über eine Trennung nachdenken.
- Nutze die Kraft deines Unterbewusstseins. Wenn du keine Erfahrung im autogenen Training oder sonstigen Entspannungsmethoden hast, nutze das Wissen eines Profis.
- Lese bewusstseinserweiternde Literatur.
- Unternimm alles, was dir dabei hilft, innere Ruhe zu finden.

Sei dir über eines im Klaren:

Du bist mit allem ausgestattet, was du für ein glückliches und gesundes Leben brauchst. Alles andere ist eine Illusion, ein Trugbild.

In der Tat reicht ein Weglassen krankmachender Substanzen meist schon aus, um deinen Gesundheitszustand deutlich zu verbessern. Du musst sonst nicht viel tun. Die meisten nehmen sich zu viel vor, in dem sie von 0 auf 100 sportliche Höchstleistung erbringen wollen und von einer Diät in die nächste jagen. Meist scheitern sie dann an ihren zu hochgesteckten Zielen.

DIE AHNENDÄMMERUNG

Unsere Ahnen sind nicht nur aus genetischer Sicht die Urheber unseres Seins, sondern sie sind auch die Summe

aller Entscheidungen, die immer in uns schlummern.
Wenn wir die Gesamtheit unserer Vergangenheit als unsere Basis anerkennen, können wir auf eine unglaubliche Anzahl von Erfahrungen blicken. Jahrtausende des Menschseins, voller Kampf und Elend, Glück und Liebe.

Unzählige Aspekte von Trost und Zuversicht, Glauben, Wissen und allerlei Fertigkeiten, die uns zu allem befähigen.
Sämtliche Seelen unserer einstigen und künftigen Familienmitglieder, vereinen sich zu einer einzigen Bewusstseinsansammlung, die uns alle Kraft und Ausdauer der Welt verschafft.

Und das Gute an dieser Verbindung ist die Tatsache, dass wir sie in ihrer Ganzheit in uns tragen. Wir brauchen keine Anregung von außen.
Lass deine Ahnen an deinem Leben teilhaben und nutze die Kraft ihrer guten Absichten.

„Denn wie alle Eltern, wollten auch sie für ihre Kinder nur das Beste".
Ich wünsche dir auf deinem Lebensweg alles erdenklich Gute. Vergiss nicht: Du bist nicht allein! In dir lebt dein gesamtes Ahnen-Team und unterstützt dich in jeder Lebenssituation. Und dieses Team hat die gesamte Menschheitsgeschichte überlebt.

ENDE

Herstellung und Verlag: BoD – Books on Demand,
Norderstedt
ISBN: 9783756201273